COLEÇÃO LEITURA E FORMAÇÃO

EDUCAÇÕES DO OLHAR

Volume II

EDUCAÇÕES DO OLHAR:

LEITURAS

Volume II

Organizadores: *Carlos Eduardo Albuquerque Miranda &*
Gabriela Fiorin Rigotti

São Paulo
2010

global EDITORA

ALB

1ª Edição, Global Editora, São Paulo 2010

Diretor-Editorial
Jefferson L. Alves
Editor-Assistente
Gustavo Henrique Tuna
Gerente de Produção
Flávio Samuel
Coordenadora-Editorial
Dida Bessana
Assistente-Editorial
João Reynaldo de Paiva
Revisão
Noelma Brocanelli
Capa
Criação e layout: Milton José de Almeida,
sobre imagem *Cosmorama*,
de Samuel van Hooogstraten (1630)
Editoração Eletrônica
Tathiana A. Inocêncio

Dados Internacionais de Catalogação na Publicação (CIP)
(Câmara Brasileira do Livro, SP, Brasil)

Educação do olhar : leituras : volume II / organizadores Carlos Eduardo Albuquerque Miranda & Gabriela Fiorin Rigotti. – São Paulo : Global, 2010.

Vários autores.
ISBN 978-85-260-1493-0

1. Arte – Aspectos sociais 2. Comunicação visual 3. Cultura – Aspectos sociais 4. Educação 5. Educação audiovisual 6. Imagem – Análise 7. Linguagem I. Miranda, Carlos Eduardo Albuquerque. II. Rigotti, Gabriela Fiorin.

10-04416 CDD-371.335

Índices para catálogo sistemático:
1. Estudos audiovisuais : Educação 371.335

Global Editora e Distribuidora Ltda.

Rua Pirapitingui, 111 – Liberdade
CEP 01508-020 – São Paulo – SP
Tel.: (11) 3277-7999 – Fax: (11) 3277-8141
e-mail: global@globaleditora.com.br
www.globaleditora.com.br

Obra atualizada conforme o **Novo Acordo Ortográfico da Língua Portuguesa**

Nº de Catálogo: **1891**

EDUCAÇÕES
DO OLHAR:
Leituras II

SUMÁRIO

APRESENTAÇÃO

Este segundo volume de monografias de curso de graduação em Pedagogia insere-se no projeto de ensino Pesquisa na Graduação – Olho Noturno, um grupo de pesquisa em graduação na Faculdade de Educação criado no Laboratório de Estudos Audiovisuais OLHO, denominado Olho Noturno.

O volume 1, organizado por mim e por Gabriela Fiorin Rigotti, Imagens e Educação – Estudos publicado em 2006, foi o primeiro fruto desse trabalho e, como este, conta com textos elaborados pelos egressos do curso de Pedagogia da Unicamp a partir das pesquisas que fizeram na graduação orientados por mim e por outros professores pesquisadores do Laboratório de Estudos Audiovisuais OLHO.

O projeto de ensino Pesquisa na Graduação – Olho Noturno abrange duas linhas de pesquisa do Laboratório de Estudos Audiovisuais OLHO[1] da Faculdade de Educação da Unicamp: "Cultura, Comu-

[1] Ações de produção e pesquisa, acadêmica e artística do Laboratório de Estudos Audiovisuais OLHO: (1) Estuda a produção artística, cultural e social das imagens na sociedade contemporânea, principalmente as imagens dos meios de comunicação, cinema, televisão, e a produção histórica das artes plásticas e visuais. (2) Entende a educação, o conhecimento, a linguagem e a arte como diferentes faces entrelaçadas que compõem o campo geral das pesquisas e estudos de imagens. (3) Investiga a educação visual, cultural e política como formas complexas do viver cultural

nicação e Educação" e "Sociedade, Cultura e Educação". A princípio, poderia classificar os trabalhos aqui apresentados a partir das tradicionais divisões do campo das artes e da mídia: cinema, fotografia, pintura, literatura, videoclipe e games. No entanto, como o intuito é pesquisas a educação visual, cultural e política como formas complexas da vida cultural e social contemporânea, os trabalhos têm outra identidade e como centralidade o estudo das imagens conforme uma das perspectivas do Laboratório OLHO: o estudo da produção artística, cultural e social das imagens na sociedade contemporânea, em especial, as imagens dos meios de comunicação, cinema, televisão, e a produção histórica das artes plásticas e visuais.

Vários foram os caminhos em que se construíram este projeto. Em termos institucionais, poderíamos apontar três deles: disciplinas obrigatórias ministradas pelos professores do OLHO; a exigência de uma monografia de graduação para obtenção do título de licenciado em Pedagogia (Trabalho de Conclusão de Curso); e como já mencionamos a criação, nesse período, de um grupo de pesquisa de graduação no Laboratório OLHO, intitulado Olho Noturno.

Cumpre-nos explicar que há no curso de Pedagogia um eixo de formação em pesquisa, expresso em disciplinas específicas, no incentivo à iniciação científica e na exigência da monografia de curso. No entanto, a especificidade do tema do estudo das imagens levou-nos a criar um grupo de estudos de graduação, voltado para a pesquisa em imagens, dentro do grupo de pesquisa Laboratório de Estudos Audiovisuais OLHO.

---

e social contemporâneo. (4) Pesquisa e estuda suas expressões em diferentes linguagens, vistas como produções materiais, coletivas e ideológicas complexas, alegóricas, abertas a interpretações não determinativas, fundadas no universo interdisciplinar da cultura, da arte e da ciência. (5) Estuda e pesquisa sobre as diferentes linguagens verbais, visuais e audiovisuais que dão forma à oralidade, ao imaginário e a inteligências contemporâneas. (6) Pratica a pesquisa sobre a produção cultural, educacional e artística audiovisual na sociedade moderna com visões divergentes e convergentes necessárias ao entendimento múltiplo e variado das sociedades contemporâneas. (7) Faz vídeos com base nas pesquisas sobre tradução e entrelaçamento de diferentes linguagens artísticas, verbais, visuais e audiovisuais.

Para apresentar os trabalhos que compõem este livro, gostaria de explicitar a centralidade já mencionada acima, ou seja, o que entendemos por produção artística, cultural e social das imagens na sociedade contemporânea e quais diálogos são possíveis entre a educação e essa produção.

A experiência cultural contemporânea está capturada por aparato tecnológico que podemos chamar de mídia e que reúne e manipula textos, imagens e sons, criando e reproduzindo diversos produtos da cultura e do conhecimento, permitindo várias formas de inter-relação – cinema, televisão, fotografia, internet, vídeo, games, animação etc., nos suportes analógicos e digitais. Esses produtos, no caso do Brasil, circulam em sociedade marcada por diferentes e desiguais acessos e produção ao conhecimento e à cultura.

Almeida (1994) vê um diálogo entre educação e cultura que nos sensibiliza no que tange à formação do educador e de como colocar a questão das imagens na educação. Ele afirma:

> Como sujeitos separados, a educação e a cultura falam de si e entre si coisa distintas. A educação, para dentro de suas paredes, organizadas por séries, etapas, fases, especialidades, traz a cultura – ciência, artes – oficial ou oficiosa embalada pela pergunta: é adequada para que nível? Tradicionalmente os conteúdos da escola já vêm pré-selecionados – aprende-se tal coisa em tal série, em tal curso, para alunos de tal idade, de tal formação; os programas curriculares, os livros didáticos e a própria formação do educador resolvem este assunto com um mínimo de conflito e um máximo de naturalidade, naturalidade esta referenciada pelos cursos universitários pelos quais passaram; portanto gerada na inércia intelectual, na tradição escolar, na cultura universitária. A cultura das artes e das ciências (...) leva em conta a tradição e o aprendizado técnicos, mas não os níveis, os programas rígidos, a divisão etária, a tradição escolar dos pré-requisitos. A cultura produz e também se reproduz, faz nascer, renascer o conhecimento, as sabedorias, mostra novamente o antigo, demonstra o novo, o saber-fazer dos homens. É sempre contemporânea do presente, até mesmo quando expõe o velho, a cultura que já foi. Ela se expõe, ao mesmo tempo, para a produção e consumo, independente da faixa etária, formação, pré-requisitos. Deixa-se ver, ouvir, falar, comer, mexer, usar por consumidores de diferentes idades culturais e gosto. (ALMEIDA, 1994, p.13-14)

O autor explicita um diálogo tenso e conflituoso entre o que Almeida, metaforicamente, chama de sujeitos "educação" e "cultura". O estudo da imagem no campo da educação, ou nos campos de pesquisa da educação não precisa resolver esse conflito; ele deve navegar por essa tensão, sem naturalizar um movimento que será sempre permeado de paixões históricas e sociais em relação às propostas educacionais de formação que as escolas e as demais instituições educativas constroem em relação à cultura.

A mídia cria constantemente imagens do mundo para nós, explica essas imagens com suas legendas, comentários de filmes, televisão, jornais. Insere som nas imagens para nos conduzir a sentimentos que deveríamos ter em relação às imagens. Ensina-nos com imagem, com textos com sons. Educou-nos a ver tudo isso e se sustenta pela repetição que nos leva à memorização.

Mas o que é próprio da mídia e o que ela não pode esconder por muito tempo é que seu aparato, ou seja, sua forma de trabalhar, e seus produtos são sempre manipulação e edição da realidade. São verdadeiros como construção coletiva de uma informação e de uma obra. Às vezes querem se passar pela verdade, pela demonstração da realidade, mas não podem fugir à determinação de sua forma de ser e existir, a mídia é manipulação e a mídia digital amplia essa manipulação para além do controle de autores, direitos autorais, instâncias legitimadas de dizer o quê, quando, onde e como.

Manipulação, ou edição da realidade, à primeira vista parece-nos algo negativo. Quando deparo com esse termo, e não são poucas às vezes que isso acontece comigo e com todo mundo, sempre me lembro do poeta, escritor e ensaísta alemão Enzensberger que afirma que etimologicamente o termo manipulação significa uma consciente intervenção técnica em um material dado. Não mais do que isso e, se pensarmos bem, o mundo humano existe por causa das manipulações que os homens são capazes de fazer com o mundo em que vivem, com eles mesmos e com os outros. Manipular o mundo, editar o mundo é criar o mundo humano. Proponho que esse seja o ponto de partida para o magistério olhar a mídia e com esta, olhar o mundo.

Bibliografia

ALMEIDA, Milton J. de. "A Educação na atual cultura de som e imagem – a nova oralidade. In: *Imagens e sons":* a nova cultura oral. São Paulo: Cortez, 1994.

ENZENSBERGER, Hans Magnus *Elementos para uma teoria dos meios de comunicação*. Rio de Janeiro: Tempo Brasileiro, 1979.

Prof. Dr. Carlos Eduardo Albuquerque Miranda
Faculdade de Educação da Unicamp
Laboratório de Estudos Audiovisuais Olho
ceamiranda@gmail.com

Memórias japonesas

Estevon Nagumo[1]

Estevon Nagumo

A partir da minha admiração e fixação pelo livro *Lavoura arcaica* do Raduan Nassar, pensei em desenvolver um TCC sobre al-

1 Graduação: Laboratório de Estudos Audiovisuais OLHO, Faculdade de Educação--Unicamp. enagumo@yahoo.com.br

gum aspecto deste. Cogitei fazer uma comparação entre o livro e o filme dirigido por Luiz Fernando Carvalho. Depois de ler tudo sobre Raduan, vi que não havia mais do que admiração nesta busca. Não havia um problema, uma questão, algo para se pesquisar. Então decidi mudar de direção e averiguar a literatura japonesa. Pretendia continuar com algo relacionado à escrita.

Escolhi o Japão por curiosidade, tive vontade saber o que se produz em literatura por lá – terra dos meus ancestrais, sem muita clareza do que poderia encontrar nesta busca. Por fim, vi que um único tema permeava esses dois caminhos distintos: família. A dureza do pai de *Lavoura*, a busca pelas minhas origens japonesas. Algo nesse sentido me inspirava, me movia. Só não tinha claro como desenvolver um trabalho sobre esse tema.

Um dia consegui os escritos da minha avó paterna que contavam um pouco da sua história como migrante e decidi que essa seria a base para meu trabalho. Recontaria a história de uma imigrante japonesa, não só enriquecendo-a com dados e informações que pesquisasse, mas também colocando no papel pequenas histórias que escutei, transferindo um pouco do imaginário no qual fui criado. Continuaria no campo da literatura, agora como autor.

Durante o processo, acabei me detendo mais no resgate do que é o Japão, e desenvolvi pouco o aspecto da imigração. Optei por fugir da exaltação do esforço daqueles que decidiram viajar para o Brasil, e enfoquei a história da família, principalmente antes da viagem ao Brasil. Quis desenrolar os laços que os uniam, as desavenças, os silêncios, a dinâmica. Interessei-me bastante pela história do Japão, suas bases religiosas, suas tradições, suas artes. Tentei entender alguns princípios básicos que regem essa sociedade. Em grande parte, essa recuperação me deu base para olhar de outra forma minha formação e minha família.

Quando reli alguns trechos do que já havia escrito, muitas vezes achei que faltava algo e assim afinava o que deveria buscar para acrescentar à história. Não partia de algo pronto, mas do que a própria criação demandava. Senti também grande felicidade ao usar a escrita de forma plena, ampla, transcendente. A arte serviu para que eu buscasse entender meu espaço e minha liberdade.

Estevon Nagumo

Estevon Nagumo

1.

A neve caia indiferente às preces ou à felicidade das crianças. Serena, isenta, fiel. Estendia um pano branco para que alguém servisse o chá. Abria uma folha branca escondendo vestígios e pegadas. A menina brincava sem se importar com o clima de casa, de fora, de onde fora. Todo peso e constância do pai era um passado momentâneo. Uma vaga lembrança. Nada mais de sacrifícios ou dores por agora. Esbranquiçava-se.

Depois de brincar ao cansaço pedia para que nevasse mais. Escolhia uma árvore, ajoelhava-se e rezava sozinha. Desejava o bem da região. Seus irmãos continuavam a brincar e a se esconder. Uma nevasca mais forte significava mais esquiadores vindos de Tóquio, principalmente depois que facilitaram o acesso com a construção do túnel Shimizu para o belo campo de esqui. Foi uma construção demorada que ocorreu nas proximidades. Ela viu todo o deslocamento dos obreiros. A derrubada das árvores. Os novos sons da mudança. Adorava as explosões da montanha. Na primeira vez que ouviu, pensou que eram fogos de artifício. O chão tremeu, os cães ladraram e ela sorriu. Saltitava gritando "Feliz Ano-Novo". O pai oferecia um sorriso duro, a mãe, uma risada contida. A irmã menor a imitava. O irmão mais velho a gozava. O céu era indiferente.

O pai vivia a reclamar da neve. Sempre dizia que, diante das circunstâncias, mesmo que os agricultores da região se esforçassem desde a escuridão da manhã até a escuridão da noite a ponto de não perceberem nem a florada nem o cair das flores de cerejeira, nunca conseguiriam vencer as desvantagens em relação às regiões com menos neve. A chegada da primavera era bem demorada. Atrasava em um ou dois meses o plantio se comparado com locais que não conheciam a neve no inverno. O pai dizia repetidas vezes que ainda que cultivassem as mudas de berinjela, de amora e de cedro japonês, entre outras, paralela e posteriormente à safra da cultura principal, nunca venceria as das demais regiões. A região tinha um aspecto selvagem devido às intensas tempestades de neve no inverno. Ventos frios vindos da Sibéria e carregados de umidade absorvida no mar lançavam quantidades gigantescas de neve de dezembro a abril.

As reclamações do pai eram traduzidas em esforço dos filhos. Sol ou chuva, lá estava a família a trabalhar. A mãe com os afazeres da casa em seu trabalho minimalista. Cabeça baixa e olhos atentos. Não demonstrava discordância objetivamente. A dor e a discórdia – quando existiam – estavam no chá amargo servido ao pai, em seu silêncio contido, nas brechas do chão de madeira. Aos filhos lhes condicionava a seguirem a mesma linha. Resistir, fingir, sorrir.

Hiro, o primogênito, vivia incentivando as irmãs mais novas "Não reclamem". Ele mostrava em seu rosto amargo o fardo da responsabilidade de encabeçar uma geração. Mostrava em sua seriedade desequilibrada a pouca vocação para o cargo. "Se ao menos ele continuasse com a tradição da família...", pensava a mãe em forma de prece. Ele não gostava de liderar, tampouco de ser o exemplo. Gostava mesmo de dormir, de estar em casa, de ajudar a mãe na cozinha. Não tinha terra no sangue, nas veias ou nos pés como o pai. Tinha sonhos. A obrigação, a tradição e a educação o mantinham de pé. Sua irmã mais próxima, Mayumi, sentia grande compaixão por ele.

Em tempos de plantio, não havia espaço para nada. Escola, brincadeiras, passeios, tudo congelado. O pai dizia que eles poderiam descansar quando nevasse. De onde surgia o empenho do pai, pouco se sabe. Constante desde milênios, ele era trabalho. Ao manejar a enxada – extensão natural de seu braço – remexia e preparava a terra com mais carinho que o trato com seus filhos. Não exigia apenas o esforço da família, mas um respeito sagrado ao solo que lhes provia o sustento. Pior do que blasfemar o pai era ferir uma raiz. Pior do que acordar tarde para o trabalho era esquecer de colocar uma semente na vala. Sempre as punições e maldizeres do pai eram mais graves e agudos quando a falta era relacionada à terra. Entre a família podia haver discórdia e rancor em certo grau, menos deles para a natureza. O pai tinha o direito de reclamar das condições do tempo e da neve que lhe atrasavam o cultivo. Sua raiva e maldizeres não mudavam o clima, porém lhe davam força para voltar ao trabalho. Neste ano, plantaram berinjela e pimentão, pois segundo as metódicas previsões dele, era um ano propício para culturas baixas.

A vida era sofrimento. Aos poucos os filhos entendiam que isso não era ruim – os mais novos com um pouco mais de dificuldade. Não se tratava de fatalismo ou de pessimismo. Era o realismo do pai. Tudo era visto de forma mais prática, objetiva, consciente. Aos homens essa ideologia deveria ser engolida, às mulheres, entendida. Ruim não era sofrer, era não saber lidar com isso. A dor era um sinal de que ainda estavam vivos. O pai bebia saquê – produzido por seu irmão – para lidar com seus pesares. Seu único desejo era conseguir mais prosperidade com a terra. A mãe queria basicamente o bem dos filhos, sempre acreditava que a educação poderia lhes proporcionar uma vida melhor. Os filhos tinham desejos que cabiam a seus mundos. Sayuri, a menor, queria mais mimos. Hiro, mais tempo e menos trabalho. Mayumi, mais conhecimento.

Todos, desejos sob o mesmo teto. Não era tão apertada como uma casa da cidade, mas de toda forma era sucinta. O espaço otimizado implicava a forma como se davam os laços familiares. Não se podia correr demais. "E cuidado com a escada". O riacho que corria perto dava sonoridade e volume ao local. O jardim de pedras já estava desarrumado, pois só no começo do inverno o organizavam. A natureza entrava naturalmente na casa. Pássaros descuidados, cobras e escorpiões às vezes. Nesse pequeno mundo a proximidade exigia autocontrole e cooperação. O bem de todos acima dos caprichos individuais. Tarefa essa bem mais complexa para as crianças.

Hiro exorcizava parte da sua dor com as irmãs. Mal dizia, exigia, corrompia. Com mais acidez Mayumi, pois tinha dó da pequena Sayuri. Não gostava de ser o único filho, gostaria de compartilhar seus problemas masculinos com alguém. Mayumi entendia o irmão mais velho. Não retrucava. Em sua serenidade buscava sempre uma reação sensata. Se ele a provocava com um "Tonta", ela respondia "E se eu for, qual o problema?". Hiro odiava essas respostas. Pior ainda quando Mayumi lhe devolvia silêncio. Sayuri já devolvia de outra forma – mostrando a língua. Ela era a princesa da casa. Apenas sorria e já ganhava novos fãs. Derretia até o duro coração do pai. Imitava e idolatrava a irmã maior. Mayumi pensava que a menor deveria seguir seu próprio caminho, sem tanto apego, sem tantos mimos. Com sua meiguice, Sayuri era a que mais ganhava presentes da família. Às vezes reclamava mais que Hiro, mas quando recebia uma repressão, se calava e aceitava. Hiro era o que guardava mais rancores do mundo. Mayumi desguardava.

Os três adoravam o tio. Ele os visitava ao menos uma vez ao ano. Budista e produtor de saquê. Ao mesmo tempo que era compenetrado, divertia a todos. Mayumi gostava muito dele, pois simpatizava com sua filosofia. Tinha estima por uma cena que se passara com ele. Ela chorava, pois quebrara sua boneca preferida, e ele, sereno, disse "Sobrinha linda, tudo é passageiro na vida, como a neve que vem logo e derrete, as coisas se vão. Não há de se sofrer tanto por ela. Mayumi se desprenda dela e logo acabe com seu sofrimento. Não confieis a nenhum refúgio exterior a vós. Nada é permanente. Tudo o que se reúne, não escapa à separação". Nem todas as palavras eram entendidas por ela; não era necessário.

Seu saquê era reconhecido como de ótima qualidade. Para manter a tradição, sempre ao acabar a produção, ele cortava um pé de cedro verde e aparava sua folhagem para que ficasse em forma de bola. Esta era pendurada na entrada da fazenda onde se produzia o saquê. A comercialização só começava quando todas as folhas verdes ficassem marrons. Este era o tempo de maturação da bebida. Vez ou outra alguém pedia para que ele vendesse antes, porque tinha pressa de comprar ou para aproveitar a viagem. Nunca o tio deixou de cumprir o ritual. Sempre acreditou que deveria esperar as folhas dizerem o tempo certo. Sua justificativa sempre era a mesma "Há de se ter paciência, quando as folhas não forem mais verdes, então poderei vender o saquê, pois aí sim estará bom para o consumo".

Um dia ele fez uma visita ao irmão. Estava de passagem pela região e aproveitou para repor o estoque de saquê dele. Gostava da hospitalidade da casa. Era mais alegre e divertido que o pai. Mesmo com personalidades muito diferentes, algo dizia que eram irmãos.

Trazia alguns presentes aos sobrinhos e fazia a mãe sorrir. Durante o jantar, o pai pediu para passarem o *misô*, mas, na verdade, o que ele queria era o *shoyu*. Todos perceberam o lapso. Os filhos riram baixo do ato falho. Os filhos adoravam esses deslizes do pai. Sayuri pediu mais arroz ao pai. De forma contida, humilde, solene. O pai estava contente com a conversa com o irmão. Gostava de saber como estavam os cultivos e o clima em outras regiões. Ao ouvir o pedido, fechou o sorriso, olhou para a filha e disse um "sim" seco e duro. A mãe autorizada a serviu. Ao tio a resposta soou como uma bebida forte e amarga. Comentou: "Irmão, porque és tão rígido com tua família? Sua filha se porta como uma súdita de um reino sem misericórdia. É tua filha, é só uma criança". Antes de responder, a pequena Sayuri perguntou com toda a contenção que cabia a uma mulher da casa e toda curiosidade de uma criança de quatro anos "Pai, o que é súdita?". E ele então respondeu para encerrar a interrupção da conversa "É aquela que obedece".

2.

Em certas ocasiões a família deixava seus afazeres para passear pela cidade. Caminhavam uns 15 quilômetros para isso. Iam descalços, levando os calçados na mão e com o cuidado para não sujarem a roupa. O pai dobrava a barra da calça e carregava Sayuri um tempo no colo, revezando com a mãe e o chão. Passavam ao lado de campos de arroz, plantações de berinjelas e por um caminho de sombras de bambu. Hiro adorava pegar um pedaço caído e sair correndo batendo e fazendo barulho oco. Mayumi adorava o verde vivo das folhas. A mãe colhia alguns brotos de bambu para ferver depois. O pai sempre elaborava um parecer sobre os cultivos da região. A mulher aprendia um pouco de agricultura nessas horas. Os filhos preferiam se divertir com os animais diferentes que encontravam: pequenos ratos, borboletas, pássaros.

Na cidade o pai procurava cumprir sua função de comprar os mantimentos. A mãe aproveitava para se divertir com os filhos. Normalmente tentavam conciliar essas idas a épocas de festivais. Em maio, ocorria o Dia dos Meninos. Eram pendurados em postes pipas com o formato de carpas. O peixe simboliza o sucesso, desejando força para os pequenos. Sayuri não se continha. Seu sorriso era constante ao ver tantas carpas navegarem ao vento. No verão iam ao festival das lanternas de tradição budista que tratava da morte. Acreditava-se que os ancestrais visitam os vivos nessa época. Três dias antes, casa e cemitério eram enfeitados. Em casa, eram preparadas as refeições preferidas do falecido. As crianças adoravam porque a mãe cozinhava um *udon* com ostras e fazia deliciosos *dorayakis*, pratos prediletos do bisavô. Mayumi se deliciava com o *udon*, pois adorava frutos do mar. No último dia do festival, bolinhos de arroz eram colocados no altar da família para alimentar os mortos em sua viagem de volta ao mundo dos espíritos. Também eram acesas lanternas e fogueiras para ajudá-los a encontrar o caminho. Escrevia-se o nome do finado em tiras de papel que iriam a bordo de um barco de papel. Cada pequena embarcação levava uma vela acessa. Lançavam-se ao rio, várias pequenas embarcações ao mesmo tempo e todos esperavam em silêncio que elas se apagassem uma a uma. Nessa espera, Sayuri dormira no colo do pai. Mayumi meditava. Hiro ficava tenso até acabar a última luz, quando finalmente se sentia aliviado.

Eis que chegara a primavera e com ela as cerejeiras floridas. As berinjelas do pai aparentavam ser melhores do que nos anos anteriores. A chuva não foi escassa como em outros tempos, nem abundante como em tempos futuros. Era um ano distinto, havia um ar de prosperidade no vento. Distinto da terra que denunciava o oposto. Os pequenos pimentões estavam adquirindo cores estranhas. O pai pensou se tratar de uma doença desconhecida. Mayumi, mais sensível, olhava como um sinal. A mãe nada achava. Sayuri fazia graça dizendo "Papai, foi o arco-íris que pintou os pimentões".

Não houve tempo de o pai verificar a que se devia tal mudança. Nem pôde mesmo consultar um especialista. Uma nevasca fora de época originária do norte castigou a plantação sem aviso ou piedade. A família fez o que pôde para conter os estragos. O pai e Hiro cobriram os pés e os pimentões como puderam. A mãe, Sayuri e Mayumi buscaram todos os sacos, papelões, jornais, caixas que pudessem proteger as plantas. Até panelas serviram para proteger os melhores pés. O pai fazia tudo sem acreditar que sua plantação estava sendo coberta pela neve. Tal era a correria que mal sentiram o frio. A dor aflorou quando interromperam a fracassada tentativa de salvação. Os filhos nunca haviam visto tal desespero nos olhos do pai. Ele sempre se mostrou contido, sério, triste, às vezes, mas nunca assim. Mesmo em outras tragédias, quando a plantação quase foi alagada, ou em outras nevascas inesperadas. Seu desespero estava na forma de gritar com todos. E no silêncio da neve que o vencia.

Não era da natureza que ele tinha medo, era do inesperado. Talvez seus maldizeres sobre a neve tivessem sido escutados pelos espíritos que rondavam sua casa. Talvez fossem os antepassados que propunham um desafio a tão disposto trabalhador. Talvez se tratasse de uma maldição desconhecida na família, ou algo do seu carma. Não acreditava em vingança, traição ou culpa da natureza. Para o pai era algo diferente. Sem definição própria.

Nos dias que se seguiram, a família viu o carvalho pai ruir. Bebeu saquê, desistiu dos poucos pés que se salvaram, não cobrava mais os filhos para nada e suas reclamações já não tinham peso. Ninguém estranhava o pai ficar bêbado em dias normais. Era direito dele beber para se alegrar, compensar a disciplina, afrouxar o espírito. Normalmente bebia na casa dos amigos. Quando chegava dizia uma ou outra reclamação alcoólica, mas não se mostrava outra pessoa. Agora a bebida preocupava. Não só pela quantidade, mas pela frequência. A mãe chegou a cogitar a possibilidade de ele fazer algo ruim ou fora do controle.

Mostrou sua fraqueza pela primeira vez. Os filhos não gostaram. Sayuri, principalmente, queria o velho pai de volta. Aquela pedra, que cedia uma ou outra vez a seus encantos. Aquele que sempre cobrava a família. Sempre de ombros eretos que raramente mostrava cansaço. O homem da casa que sabia quando ia chover. Aquele de grande força interior. Senhor do seu pequeno feudo.

A mãe rezava e tentava persuadir o marido para que voltasse a seu cotidiano. Todos da região se espantaram com a mudança. Ninguém achava que o pai um dia chegaria a tal ponto. Muitos agricultores sofreram com as perdas da região, mas ninguém tanto quanto o pai. Nenhum rosto ficou tão marcado de tristeza e desesperança quanto o dele. Cavou um vazio onde perdera sua confiança.

Sem a lavoura, os filhos começaram a apreciar mais a escola. A mãe tomou controle e começou a reerguer a casa. Assim, tentavam impor um tom de normalidade que antes era regido pelo pai. As economias da família foram finalmente empregadas. A mãe começou a restringir o saquê do pai. Chamou amigos e parentes para tentar animá-lo. Começou a pensar no que poderiam fazer para voltar a cultivar. Os filhos se espantaram com a força, a administração e o empenho da mãe. Ela não precisava exercer a mesma disciplina formal do pai para conseguir algo da prole. Além de sensíveis à situação do pai, seus filhos queriam agradar e obedecer à figura materna tão compreensiva e protetora. Ocupava distintamente o espaço deixado pelo pai.

Tão simples no seu andar. Tão sublime o seu olhar. Era sempre a mulher do pai. A que andava três precisos passos atrás do marido. Que colocava a mão diante da boca ao sorrir. Dona de casa: cozinhava e limpava automaticamente. O pai sabia do brilho da mulher. Soube desde o princípio que tivera sorte no casamento arranjado. Era um casal em que prevalecia a honra pela família, não os sentimentos. Boa moça, de família e personalidade. Na dificuldade do pai, nada de auxílios externos para questões da casa. Ela deveria levar sozinha a condução desta. E bem levava.

Sua relação com os filhos sempre foi de educação. O hábito era ensinado, não apenas as regras. Os três aprenderam amarrados quando pequenos às costas da mãe a fazer uma reverência. Curta para alguns, longa para os vizinhos, várias curvaturas ao agradecer alguém. Aprenderam as intricadas formas e graduações da etiqueta japonesa. Não se tratava de uma cortesia geral, mas muito específica para cada caso. Ela sempre alertava os filhos para exemplos de outros garotos que agiam corretamente. "Olha como aquele menino ajuda sua mãe".

Ou para famílias que ela admirava "Vejam como os Takahata são prestativos, ajudaram os vizinhos que passavam dificuldades". Formava filhos observadores meticulosos ao código vigente. Tanto que Sayuri às vezes reprimia os próprios irmãos falando "Olha mãe, como eles estão fazendo coisa ruim". A mãe serenamente esperava que todos procedessem conforme ela aprovasse. Branda e consistente mantinha a pequena família nos caminhos que lhe pareciam corretos.

Antes de dormir, a mãe contava algumas histórias para os filhos dormirem. Hiro normalmente discordava de alguns pontos e sempre discutia com Mayumi que era sempre fiel ao relato da mãe. Nessas horas Sayuri intervinha "Deixa a mãe acabar a história!". Uma fábula consensual, que não gerava este tipo de polêmica, era "Os três *bonsais*":

> Em uma planície vivia um casal muito pobre, em um casebre muito simples. A lareira vivia apagada e a dispensa sempre vazia. Por três dias nevou e nevou. As condições para os dois pioraram com tanta neve. Mas a mulher não desanimava, porque acima das dificuldades eles tinham uma alegria. Possuíam três lindos bonsais no canto da casa: uma tuia de cem anos, um pinheiro de cento e vinte e, um carvalho de duzentos anos. Se as vendessem poderiam sair da miséria, mas preferia passar fome a abandoná-las, tal a estima que tinham por eles.
>
> Um dia chegou um mendigo pedindo abrigo, argumentando que morreria de fome e frio se não o acolhessem. O homem do casebre disse que eram pobres, mas dividiria o pouco que tinham. Assim o mendigo comeu o último pão duro da dispensa, mas continuava tremendo de frio. O casal entreolhou-se e souberam que se não sacrificassem os bonsais o pobre visitante morreria.
>
> Com muitas lágrimas a mulher começou pela tuia que logo foi consumida. E lá se foram o pinheiro e o carvalho para a lareira na sequência. De repente, das labaredas surgiu uma imagem de Buda que lhes disse "Vocês deram tudo o que tinham a quem lhes pediu, eu lhes abençoo a vossa casa. De agora em diante nada lhes faltará"
>
> Ao olhar para os lados o mendigo havia desaparecido e a casa se transformado. Tornara-se um lugar aconchegante e com a dispensa repleta de comida. E no canto da casa, lá estavam os três bonsais, como se nada ocorrera a eles. Desta vez, os dois choraram de alegria e felicidade.

Exatamente duas semanas depois da nevasca, o pai voltou. Disse: "Vamos para o Brasil, um país grande, onde o sol brilha o ano todo, onde as pessoas trabalhadoras e honestas prosperam, onde podemos recomeçar". Todos acharam que o pai estava bêbado ou louco para dizer isso, até ele repetir as mesmas palavras olhando cada um dos filhos e mostrando nos seus olhos negros toda sua firmeza de volta. Ninguém o contestou. A mãe estava parcialmente feliz em tê-lo de volta, só tinha receio da ideia e da viagem. Havia uma história de que muitos dos que foram estavam morrendo de uma doença desconhecida dos trópicos. Os boatos eram tantos quanto à propaganda do governo incentivando a emigração para lá, pouco se sabia na verdade.

Hiro não gostava da ideia, preferia o sofrimento de sua terra, não mudanças. Sayuri a menor, não entendia direito. Pensava mais como uma novidade, férias talvez. Mayumi pensou que deveria começar a se desprender da casa e da vida que levava. Soube aproveitar seus pequenos prazeres, seus momentos na neve, as brincadeiras com os irmãos, o céu do outono, o suor do trabalho benfeito. Se nada era eterno, eis que chegara a hora de partir. Só não se esquecia da tristeza que aquela nevasca causou ao pai. Por isso, era a única que o apoiava plenamente na ideia da viagem.

3.

Se o pai saiu da terra. O vô saiu da água. Mais flexível e espiritual, caminhava por um viés transcendente. Dependia da sua relação aberta com o mundo para isso; não como o pai que necessitava de um pragmatismo para lidar com a vida. O vô pertenceu a uma época bem distinta no Japão. Presenciou o começo da Era Meiji, do "controle iluminado". As decisões deixaram de ser tomadas de forma coletiva e anônima por um obscuro comitê de conselheiros. Voltaram a se centralizar na mão do imperador. Os tempos mudavam. Outros conhecimentos chegavam do Ocidente. Tal transformação carregava dor, rasgava parte de um passado duro e os pedaços inúteis queimavam. Mas as cinzas permaneciam.

Ele deixou de ser samurai aos 24 anos. Com o fim do xogunato de Tokugawa e a restauração do governo imperial, seu *daimio* concordou voluntariamente em entregar suas terras ao imperador para que o Japão se tornasse uma potência. Estava posto o fim dessa carreira. Ficou sabendo que os líderes Meiji fariam um estudo sobre o Ocidente para ajudar no crescimento do país. Sem acesso, contato, ou dinheiro, ficou apenas na vontade de conhecer o mundo.

Não gostava do *status* de ser samurai. Optou não por vocação, mas por falta de opção. Pensava tratar-se de uma profissão de importância histórica e política. Respeitava o trabalho que fizeram para unificar o Japão, ocupando cargos administrativos e políticos. Apenas não se sentia como alguém nascido para tal função. Seguia o *bushidô*. Submetia-se à ideia de servir. Doar-se aos outros; estar à disposição sem reservas nem falhas. Um homem cuja vida estava empenhada pela lealdade. Sempre fora condizente com os mandamentos de seu suserano. Contudo, temia dar sua vida por seu nobre senhor, se necessário. Mais do que isso, incomodava-lhe se sentir parte de um todo opressor, sem relevância própria.

Tinha uma habilidade básica para manejar a espada. Preferia outras práticas: filosofia, literatura, caligrafia e cerimônia do chá. Seu desenvolvimento com tais artes fora feito com mais afinco e determinação. Não era tão valente quanto os demais. Das batalhas não trazia nenhuma grande história. Para ele, sua conduta moral era mais importante que suas habilidades na esgrima. Acreditava que a espada era a alma do samurai. Então, deveria trazê-la tão limpa e justa quanto sua própria alma.

Depois que seu suserano feudal se desfez de suas terras, ficou livre. Mudava de casa, de profissão, de caminho a todo o momento. Pescador, carteiro, poeta, de tudo um pouco, de nada um muito. Não pertencia a espaço algum, nem a ninguém. A curiosidade o levava a lugares distantes. Do passado: lutas, cicatrizes e sua espada. Não pensava nas mortes que causara. Todas foram em decorrência do fiel cumprimento de ordens superiores. Outra renda não era problema. Sua questão primordial era achar um sentido para sua vida. Sempre versátil, podia exercer outros ofícios. Agora, a quem obedecer? Nessa brecha, sabia apenas que não viveria mais da espada.

Depois de fracassadas idas e vindas, entendeu que um obedecer cego já não era seu caminho. Partiu para uma tentativa mais autônoma. Depois de anos de trabalhos ingratos aprendeu que o poder de mandar é a recíproca da capacidade de servir. Aqueles que apenas mandavam não tinham conhecimento para tanto. Acreditava no ideal de hierarquia até lidar com vários patrões mentirosos e corruptos. Seu instinto queria sangue em sua aposentada espada quando precisava obedecer a ordens fora de sua ética. Impedia-se de sujar sua espada com sangue podre. Não tinha mais respaldo para fazer vinganças. Já não tinha um nobre para sustentá-lo. Não podia mexer em estruturas sociais arcaicas, só nas suas. Mudar essa obediência não foi simples, a raiva e a inquietação o levaram paulatinamente a desistir de tudo. Viveu sozinho por um tempo: pescou, nadou, sonhou, andou.

Carregava a casa e a honra na mochila. Viajou pelo país e pelo mar. Sentia-se muito bem perto da água. Anotava tudo em pequenos diários. Gostava de ler, mas não de ficar com os livros. Sempre os deixava em lugares públicos para que outros os levassem. Praticava *shodô* quando possível. Trabalhava sua sensibilidade em cada afazer. Por mais trabalhador e organizado que fosse, podia deixar tudo para contemplar um pássaro, uma nuvem, uma rã. Tinha um despojamento que libertava seu espírito dos desejos que o prendiam ao mundo. Precisava do mínimo de elementos, apenas o suficiente para que se realizasse o momento de integração entre ele e o que o rodeava.

Depois de um tempo cansou de tanto andar. Cansou da solidão. Estabeleceu-se em Muicamachi, província de Niigata. Motivo: mulher. Beleza, elegância e suavidade como nunca encontrara em uma só pessoa. De extremo refinamento físico e espiritual. Alguém com um charme sutil, alguém que transcendia as aparências. Ela tinha uma verdade velada que ele sentia, mas não conseguia descrever. Levava-o a uma sensação de místico. Lá ficou seu nó. Não foi simples casar. Muito trabalho e provações foram necessários para isso. Passados os testes e os questionamentos, constitui sua própria família. Aprendeu a lavrar e cuidar da prole.

O coração apertava quando o tempo lhe parecia agradável para sair. Pulsava a vontade de partir. Olhava o horizonte, o sol, a casa, os filhos. Engolia a seco um mar distante. O peso de carregar a mochila nunca lhe saiu das costas. Sonhava às vezes com um barco e o cheiro da brisa do mar. Compensava fazendo longas caminhadas solitárias. Montou uma biblioteca, praticou seu *shodô*, amou. Quase aprendeu uma complicada arte cerâmica com a mulher, mas não foi capaz. Apenas admirava. Cultivou os filhos com melancolia e os netos com projeções. Esperava da sua linhagem algo além do tradicional, além do trabalho, algum sentido.

O vô e o pai não conversavam muito. O vô não se preocupava demais com a plantação, nem com a produção, nem com a vida simples que levavam. O pai já almejava mais. Vivia a cobrar indiretamente mais esforço do vô, que lhe devolvia subjetivamente negação. O vô nunca tentou mudar muito a ideologia do filho, por mais que não gostasse da dureza e da ansiedade do filho. O pai sempre buscou formas de mudar o vô, por mais que o respeitasse e entendesse. Eram poucos os temas em que podiam se encontrar. *Shodô* era um deles.

Depois que o pai casou, pouca coisa mudou. Saiu de casa, criou sua família, fez da sua plantação aquilo que sempre desejou, mas com o vô continuava com gotas de conversa. Este ficou muito feliz com a chegada dos primeiros netos. Tentou uma aproximação por intermédio deles. No fim, descobriu que nada mudaria muito sua situação com o filho. Talvez fosse o passado distinto que não gerava muito orgulho ao pai. Na escola, falavam que o vô era apenas um antigo samurai que não sabia manejar direito a espada. O pai até tentava defender a honra da família, mas sabia que, em parte, eles tinham razão. Além disso, sabia vagamente que o vô por um bom tempo fora apenas um andarilho, vagando pelo Japão sem um emprego fixo, nem planos concretos. Vivendo de frutas e animais que caçava, colhia ou lhe doavam. Quando criança até tinha curiosidade de saber mais os motivos que levaram o vô a seguir por aí e como era essa vida. Aprendeu com ele a montar armadilhas para pegar pássaros e outras questões de sobrevivência. Depois começou a pensar que se não o soubesse seria melhor. Não tinha orgulho dele não ter trilhado caminhos mais tradicionais e socialmente aceitos.

Quando o pai foi pedir o consentimento do vô para ir ao Brasil, pensou que este se alegraria. Seria a oportunidade que ele não teve de viajar e conhecer o mundo, e que se materializava nessa outra geração. Seria a possibilidade de o pai reavivar o espírito desbravador do vô e talvez se tornassem mais próximos. Contrariando essas expectativas, o vô fez uma grande resistência. Alegava não ter necessidade de eles irem até o outro lado do mundo que, mesmo no Japão, dava para levar a vida de algum modo. Inveja, medo, o que fosse, o pai precisou de longas conversas e muita insistência para obter a permissão. Nunca conversaram tanto. Provavelmente o pai partiria com ou sem o consentimento do patriarca, mas sabia que algo maior estava envolvido nessa negociação. O vô impôs uma condição para a partida: o compromisso de retornarem ao Japão em quinze anos. Para tanto, o pai foi obrigado a deixar Hiro e Sayuri, como garantia do cumprimento da palavra. O pai sabia que se tivesse sucesso no Brasil, mandaria dinheiro para que seus filhos também fossem para lá. No fundo, gostaria que fosse apenas algo temporário como o vô impusera. Quinze anos lhes parecia demais, mas era um acordo. O pai queria juntar dinheiro para comprar terras no Japão que não fossem tão geladas quanto as suas atuais.

Nenhum filho gostou da separação. Nem Hiro nem Sayuri que ficaram sem os pais. Nem Mayumi que ficou sem os irmãos. Mas não reclamaram tanto, no fim, era parte da dívida que tinham com quem lhes colocou no mundo. Se tinham sido moedas de troca entre pai e avô, nada podiam fazer. Sabiam que gritar e chorar não mudaria muito. Fizeram o básico "Mas o pai disse que todos iríamos para o Brasil juntos". "O pai não gosta da gente". E ele devolvia com sua argumentação racional, como se não tivesse outra opção, além de uma tentativa frustrada de justificar aquilo que era maior do que todos.

4.

Prontos para ir. Em alguma hora partir. Nenhum aceno a dar ou receber. A família partira como um núcleo duro e só; autossuficiente. Lágrimas só as da mãe, que segurava forte a mão da filha. Era a pressão de deixar parte de si. Mayumi não reclamava. Pensava que deixara os irmãos momentaneamente. Seu suor os traria de volta em um futuro incerto. A seu redor, outras famílias, outras crianças, choros, soluços, partidas. E o mar. Onipresente. Em suas próprias ondas Mayumi navegava ao desconhecido. Sem medo.

O pai olhava longe, perdido em pensamentos e gaivotas. Lembrava de quanto Hiro chorou quando ele disse que deveria ser forte, pois agora era o homem da família e que deveria cuidar bem da Sayuri. Não era para ser assim, tal peso nas costas de uma criança. A mãe lembrava mais as puras lágrimas da pequena filha. Ainda sentia o calor da pequena, seus braços pequenos a apertando. Tanto a mãe quanto a filha sabiam que de nada adiantariam pedidos, súplicas e manhas. E ambas sabiam que, mesmo assim, tudo iria acontecer. Escrito em algum lugar.

A despedida da família ocorreu na estação do trem, dias antes. O avô sereno, a avó emocionada com Hiro e Sayuri ao lado. Todos na estação, ninguém no porto. Outros amigos também foram se despedir desse estimado casal da comunidade e de Mayumi. Desejaram boa sorte, prosperidade, saúde, paz e todas as coisas que se falam quando alguém faz aniversário. O tio budista também estava lá. Disse para a pequena: "Você irá sofrer com essa partida, sobrinha. Entenda que esse sofrimento faz parte da vida. Você deve conseguir compreendê-lo. Só assim poderá superá-lo. Você não pode chorar o dia todo. Deve saber a origem da sua dor, contê-la, trabalhá-la. Depois busque o caminho para o entendimento das coisas: a compreensão correta, o pensamento correto, a palavra correta, a ação correta, o meio de vida correto, o esforço correto, a atenção correta e a concentração correta. Eu confio em você, és inteligente, saberá quando estiver no bom caminho".

No convés, o pai por fora era simpático e popular com os demais. Por dentro carregava incertezas e apreensões. Sonhava. Não se sabe com o quê. Conversava, conhecia, desfrutava. Sempre fora educado e social. Este meio destacava esse lado tão invisível em casa. Conheceu pessoas de distintas profissões, grande parte agricultores. Eram muitas situações parecidas. Os mesmos contextos, as mesmas expectativas. Um fluxo positivo corria tentando sustentar o medo do desconhecido. Conversava sobre livros com o senhor Yamahita quando uma criança que brincava caiu na sua frente. Ele a fez parar de chorar com sua serenidade e seu balanço. Para espanto de Mayumi e sorriso da mãe.

O senhor Yamashita ficou conhecido, pois perdera o chapéu de palha quando uma forte brisa o levou. Muitos viram a cena e ficaram com pena. Mayumi pensou "É só um chapéu". Ele acabou comprando um chapéu-coco quando passaram na Cidade do Cabo. Era um chapéu de caçador, não souberam como ele conseguiu negociar, souberam apenas que depois de tão inusitada compra ficou conhecido como o Yamashita do chapéu, entre tantos outros com o mesmo sobrenome.

Depois de ter deixado o porto de Kobe, passaram por Hong Kong, Saigon, Cingapura, Durban e Cidade do Cabo. Deste último até o Rio de Janeiro passou-se uma semana. Todas as manhãs no Atlântico praticaram o Hino Nacional do Brasil para recepcionar os inspetores do serviço de imigração que iriam embarcar no Rio de Janeiro com a finalidade de verificar a documentação dos imigrantes a bordo. Essa recepção fora recomendada por um imigrante que estava de viagem pela segunda vez. Assim foi feito e tal calorosa recepção aos inspetores ajudou no desembarcar de Santos sem problemas.

Depois do centro de acolhimento dos imigrantes em São Paulo, da inspeção alfandegária partiram, com outras três famílias pela Estrada de Ferro Noroeste para a fazenda Independência. Era um trem bem diferente do japonês, um clima bem distinto, um outro tempo que corria. O verde e o espaço chamavam a atenção. Limitados pela terra montanhosa e, comprimidos nos raros espaços habitáveis, os japoneses se acostumaram a cultivar o espaço interno da mente. Em sua arte e cultura, escolheram enfatizar a sobriedade e a contemplação.

Não sabiam se essas bases mudariam muito com outra configuração espacial, com tanto espaço disponível.

No dia seguinte, um fiscal veio com um intérprete definir a moradia de cada família. No olhar da mãe se via o desapontamento. Eram acomodações mais simples do que a casa passada. Chão batido, terra vermelha, camas improvisadas. A maior diferença estava na organização, na disposição dos móveis, na arquitetura. Não viam a lógica da casa. O sentido geral não se vinculava aos rituais como de costume, o acaso e a economia determinavam as posições nessa estranha terra.

A mãe arrumou o lar. Tirou o pó, criou espaços próprios. O pai não opinava. Era o reino dela, não dele. A ele cabia o suporte, trazer materiais, mover objetos pesados. Fizeram bancos improvisados de tocos de madeira. Na sua curiosidade, o pai descobriu o urucum. Disso conseguiu uma tinta vermelha com a qual pintou o batente da porta de entrada. Um simbólico *tora* para lembrar que a casa era sagrada.

Os pernilongos foram combatidos com citronela. Os ratos, com armadilhas caseiras. As cobras, com coragem. O pai laçava-as com uma corda amarrada no cabo da vassoura. Com o tempo aprendeu a pegar com a mão. Inventou de cozinhar uma para provar sua carne. Não gostou. Mayumi não quis comer. Em uma conversa com o capataz descobriu que podia enviá-las para o Butantã. Tinha um grande respeito por esses répteis. Não só pelo perigo. Considerava-as dragões sem asa. Não se tratava de misticismo, era mais ligado ao subjetivismo. Tinham algo a lhe ensinar.

Na casa havia um ornamento trazido com muito cuidado. Antes de sair de Muicamachi, o pai recolheu um punhado de terra e o armazenou em uma pequena lata de aço. Não se sabia se era uma lembrança ou um estímulo para o retorno. Ficava na estante improvisada de casa. Invisível aos olhos de uma visita. Talvez fosse o objetivo do pai. O sentido, significado, sentimento, se restringia apenas aos três.

Fora de casa, tiveram de se acostumar com o sol mais forte. A pele escureceu, logo se adaptando. Era um trabalho mais duro do que aquele a que estavam acostumados. Antes eram autônomos; a cobrança era principalmente do pai. Agora obedeciam a um outro, era uma cobrança mais dura. Antes decidiam quanto podiam e queriam produzir. Agora o ganho era ligado diretamente à quantidade de trabalho. Se quisessem ganhar mais, deveriam colher mais. Não era uma simples mudança de trabalho, era outra forma de conceber a vida. Não eram mais do que uma mão de obra explorada.

O pai não gostava da condição. Não achava correta a forma de gestão da fazenda. Juntava-se aos outros na reclamação. As promessas não cumpridas. Só não se revoltava o suficiente para dizer algo para os administradores da fazenda. Continha-se. Mayumi e a mãe acabavam ouvindo. Eram parecidos com os maldizeres para a neve que nunca lhe dava trégua em Muicamachi. Ou era *carma* do pai sofrer com questões da terra, ou era a forma de ele se instalar no mundo, reclamando.

Depois de um dia de chuva, a noite veio fria. Não imaginavam que poderia fazer tanto frio em um país tropical como o Brasil. De manhã descobriram que havia geado. Os pés de café plantados nos locais mais baixos sofreram e estavam com suas folhagens escurecidas ou queimadas. Como consequência da geada, os preços do café subiram. O fiscal ficou mais rigoroso com os grãos deixados no chão e mandava passar melhor o rastelo quando não gostava do serviço. Se necessário, mandava voltar sessenta pés para recuperar dez grãos deixados para trás.

Aos sábados de tarde quando anunciavam o fim do expediente, as moças se reuniam para apanhar mamão. Deslocavam-se até os pés e em duplas colhiam os mais maduros, levando todos os frutos para um único lugar. A divisão era feita jogando *jankenpo*. Quem ganhava tinha o direito de escolher antes. Mayumi sempre perdia, normalmente colocando "tesoura" e perdendo para "pedra". Em boas colheitas a mãe carregava até oito mamões, chegava com o ombro dolorido. Eram os "doces" da casa pela semana. Ofereciam mamão cortado para as visitas de domingo.

Passado um mês no Brasil, descobriram um lugar com muitos pés de batata-doce. Em um domingo, depois de lavarem a roupa,

Mayumi e uma amiga de sua idade da família Matsuda foram juntas buscar as batatas. Andaram bastante para chegar ao local que ficava depois do mato e no meio do outro cafezal. Os cipós dos pés de batata chegavam até a cintura. Quando as duas estavam procurando batatas, sentiram umas picadas bastante fortes, mais dolorosas que a picada de abelha. A amiga de Mayumi sentia muita dor e ela disse que no Brasil havia insetos venenosos e que estes poderiam ter picado ela. Falou até da possibilidade de ela morrer com o veneno mesmo antes de chegarem a casa. Pediu que relatasse o acontecimento para os pais se chegasse a morrer. Ela andava mancando e chorando dizia "Você, Mayumi, não pode morrer, viu!" Nesse momento, a lembrança de Sayuri surgiu com força. Não sabia quando veria a irmã de novo. Depois de todo o susto das picadas, trabalhou com mais afinco, determinada a rever Sayuri antes de morrer.

A safra do primeiro ano foi razoável. Não receberam o quanto gostariam, mas se contentaram. Ninguém perguntou ao pai quando trariam Hiro e Sayuri, ou mesmo quando voltariam. No rosto do pai se via que não seria logo. A mãe sonhava bastante com os filhos que ficaram. Receberam as primeiras notícias somente quatro meses depois da chegada em uma carta simples, sem grandes novidades. Por mais que tenha sido devorada pela ansiedade e cada palavra era uma esperança. No geral, não trazia nada de novo. Escreveram os três uma carta de volta dizendo o quanto a vida era dura neste país, sem detalhar os sofrimentos maiores pelos quais passavam. E a saudade que sentiam dos dois que ficaram.

Uma noite sonhou com neve. Sonhou que brincava novamente com os irmãos. No dia seguinte uma chuva de granizo, nunca antes vista, caíra sem perdão. Mayumi tivera de se proteger debaixo de uma mesa, pois algumas pedras de granizo atravessaram o frágil telhado. O pai e a mãe procuraram uma árvore perto do cafezal para não serem atingidos. O barulho assustou a todos. O pai lembrou da nevasca que destruíra sua plantação. Agora nem se preocupava tanto, pois o maior prejuízo não seria dele. A mãe começou a chorar e dizer que queria voltar, que não queria mais essa vida. Que cansara do Brasil, cansara do trabalho, que tudo estava perdido e que era hora de voltar para o Japão. O pai não sabia o que fazer. A chuva durou o suficiente para que as pedras cobrissem grande parte do chão. Ao sair de casa para ver o estrago, Mayumi viu um campo branco coberto, lindo, como um campo de neve japonês no qual ela costumava brincar. Sorriu, buscou uma árvore, se ajoelhou e rezou pelo bem de todos.

Bibliografia

BARROS, Benedicto Ferri. *Japão*: a harmonia dos contrários. São Paulo: T. A. Queiroz, 1988.

BENEDICT, Ruth. *O crisântemo e a espada*: padrões da cultura japonesa. São Paulo: Perspectiva, 1997.

LOSNAK, Marcos. *Lavrador de imagens*: uma biografia de Haruo Ohara. Londrina: S. H. Ohra, 2003.

HASHIDA, Sugako. *Haru e Natsu*: as cartas que não chegaram. São Paulo: Kaleidos-Primus, 2005.

NASSAR, Raduan. *Lavoura arcaica*. São Paulo: Companhia da Letras, 1997.

Presença do mito lunar no cinema: o domínio do feminino em *Bad Boy Bubby*

Ariadne de Campos Reis[1]

Introdução

A escolha do tema deste estudo surgiu com o decorrer da pesquisa. A princípio, a intenção era procurar o entendimento da loucura por meio das imagens cinematográficas.

A busca incessante por imagens que pudessem desvendar algo sobre a loucura levou a deparar com o filme *Luna Papa,* de Bakhtyar Khudojnazarov, no qual a possível loucura de um adolescente estava de alguma forma relacionada à presença da Lua. O aparecimento desse

1 Graduação: Laboratório de Estudos Audiovisuais OLHO, Faculdade de Educação--Unicamp. ariadne_reis@hotmail.com

novo elemento, a Lua, me fez mudar um pouco a direção de minha pesquisa e comecei a procurar imagens que pudessem me falar mais dessa Lua, a qual estaria relacionada ao enlouquecimento dos homens. Fiz, então, o movimento contrário ao que me propus: usar as imagens não para entender o fenômeno, mas para exemplificá-lo.

Foi nesse momento que fui apresentada ao filme *Bad Boy Bubby*, escrito e dirigido por Rolf de Heer. Em meio ao conflito de minhas ideias tentava entender o que aquelas imagens me diziam e o que queria entender delas.

Observei, pois, que em nenhuma cena do filme a imagem da Lua propriamente dita aparece, embora estivesse lá o tempo todo: nesta obra, não é Lua que evoca o mito, e sim o mito que evoca a Lua.

Lua e cinema

A permanência do mito lunar não ocorre apenas no filme *Bad Boy Bubby*, mas também em muitos outros filmes. Seria impossível enumerar a quantidade de filmes em que a Lua brilha magnânima. Porém, essa afirmação não se detém apenas na imagem da Lua como um elemento natural. No cinema sua imagem não é um mero recurso visual usado para a naturalização da cena, e sim uma imagem simbólica que, por sua vez, expressa todo o complexo universo do feminino. A Lua não é apenas um recurso para ambientação da cena, é um aspecto da cultura, a Lua é um signo da nossa sociedade. E a imagem dela no cinema é de fato o que ela representa para nós como sociedade e, sobretudo, como seres humanos. Para melhor explicitar essas ideias, cito Lahud:

> Mas, refletindo sobre a cinematográfica, ocorreu com Pasolini o mesmo que aconteceria com alguém que resolvesse pesquisar o funcionamento do espelho: se coloca diante do espelho e o observa, examina, toma notas; e, ao cabo, o que é que vê? A si mesmo. E de que coisa se dá conta exatamente? De ser ele próprio uma imagem sempre, e não só no espelho. Da mesma forma o estudo desse espelho da realidade que é o cinema, deslocando a atenção do observador para as próprias coisas refletidas, viria ao mesmo tempo lhe revelar o que de fato – e não só no

> espelho – elas são. Pois, se essas coisas podem ser significantes quando reproduzidas, é por que certamente já o são, mesmo antes de se tornarem imagens cinematográficas, elas próprias sempre significativas. (LAHUD, 1993, p. 42)

A Lua no cinema é, pois, a Lua real. E assim como o mito lunar permanece no cinema, ele permanece também na realidade. E o mais impressionante é que ele é de conhecimento de todos nós, pois os mitos de uma sociedade são conhecidos por todos os que a ela pertencem. Uma vez imersos em uma sociedade herdamos seus valores, crenças, saberes, mitos etc. Conhecemos os mitos e, segundo Almeida (1999), o que nos faz parar para prestar atenção mais uma vez neles é a forma como se desenrola o contar.

Ao depararmos com um mito, em um filme, por exemplo, trazemos para a consciência nossas memórias e com elas assistimos ao filme, recriando-as. É isso que faz que cada um possa entender e sentir os filmes de formas diferentes. Assim, estamos sendo educados visualmente. Nossas concepções política e religiosa vão sendo reformuladas também por imagens, e mais especificamente pelas imagens em movimento, pelo cinema. Ou melhor, pelos intervalos entre elas. Ainda, segundo Almeida (1999), os filmes só se fazem entender pelos intervalos entre as cenas: os planos que vemos nas telonas não se sustentam sozinhos, o fio que segura esse alinhave é construído pelo espectador com sua bagagem cultural e sua memória. Este compreende o que não foi mostrado, ou seja, completando o tempo que não é o da cena em si, e sim do intervalo entre elas.

Almeida em seu livro *Cinema*: arte da memória trabalha essa ideia quando faz um estudo dos afrescos feitos por Giotto na Cappella degli Scrovegni na Arena, em Pádua, Itália. O autor imagina uma das origens dispersas do cinema nos afrescos da Capella, no qual o espectador se movimenta diante de uma sequência de imagens (fotogramas) que quer lhe dizer algo, que o educa. Hoje vamos às salas de cinema e ficamos parados observando uma sequência de imagens que se movimentam à nossa frente, dando-nos a impressão e à nossa percepção, às vezes, como se estivéssemos nos movimentando: aproximar-se, distanciar-se, virar-se e assim por diante.

Essa justaposição das imagens não é, de forma nenhuma, objetiva. A escolha das imagens é ato da ação humana e, portanto, uma escolha política. A sequência de imagens na Capela tinha como propósito a educação cristã; já nos filmes ela nos educa para os valores, as virtudes e os vícios da sociedade moderna urbana, industrial e de mercado. Porém, não são as imagens os maiores detentores do poder de manipulação. Controlar o entendimento do que está entre elas, do que não se vê ou não se mostra é mais eficaz politicamente. Assim, são aos intervalos que podemos atribuir o entendimento diferenciado das cenas. O intervalo é, pois, o motivo pelo qual as pessoas têm reações diferentes diante de um mesmo filme.

Voltando para a Lua. A imagem desse astro no cinema é enquadrada pela câmera, com grande recorrência, antes ou depois de cenas nas quais estão presentes: a luxúria, mulheres sensuais, lascivas e sexo; romantismo, amor (não sexo) entre uma mulher e um homem; o terror, sangue, violência, monstruosidade; e a loucura, principalmente, a loucura dos homens, gênero masculino. Essas cenas falam sobre diferentes aspectos do feminino: a Lua como a Grande Mãe, benéfica, fértil, generosa, gentil, e a Lua como Lua Negra, diabólica, dominadora, perversa. A imagem da Lua no cinema está, portanto, associada ao feminino ou aos aspectos desse elemento.

Bubby e a lua

O filme começa; no detalhe o rosto de um homem que em seguida é tocado pelas cerdas do pincel que espalham espuma em sua barba. As mesmas mãos que seguravam o pincel seguram, agora, uma lâmina que desliza pelo seu rosto retirando a espuma e cortando os pelos de sua face. O homem demonstra dor retraindo a cabeça e é surpreendido por um bofetão seguido de uma ordem “Fique quieto.”. A mão de quem conduz a lâmina começa a revelar-se com o distanciamento da câmera, ela pertence a uma mulher, mais velha que o homem.

Em primeiro plano o homem está em pé e nu, com os olhos vidrados e o corpo enrijecido mantém-se sobre uma bacia que acolhe a água que cai de seu corpo enquanto a mulher, com um pequeno pedaço de pano molhado, o esfrega. A cena é congelada e a tela é achatada por duas faixas pretas. Um letreiro ocupando toda a tela com o nome do filme *Bad Boy Bubby* é sobreposto à cena. As faixas somem e descongela-se a imagem, a mulher continua a lavar o homem.

A câmera enquadra o homem sentado à mesa, seus olhos não mais vidrados observam à sua direita o busto despido da mulher que lava as axilas e os peitos com um pano que banha na pia e leva-o a seu corpo num movimento que se repete algumas vezes. A câmera acompanha o homem que se levanta aproximando-se da mulher para pegar um prato e uma colher que estão na pia e depois volta a sentar-se à mesa e continua a observar a mulher que ainda se lava.

No detalhe as mãos da mulher cortam migalhas de pão e despeja-as no prato. Em seguida a mulher adiciona açúcar e despeja leite sobre a mistura. Enquanto isso o homem apenas a observa, e só quando ela termina de preparar-lhe o prato é que ele se movimenta para comer.

O homem a maquia e, enquanto a câmera se aproxima deles, a mulher ordena que passe nela outra cor de batom, "rosa princesa".

A mulher bebe algo enquanto o homem está de cócoras apoiado sobre uma gaiola que contém um gato com o qual ele se distrai. Em pé ao lado da mesa ela despeja uma solução que tem a mesma consistência de mel em algumas forminhas de metal. Atrás dela, ele anda como um quadrúpede, apoiando-se em seus quatro membros. Parece encontrar algo atrás de um pedaço de madeira que está encostado na parede, arrasta-o para tentar ver melhor. Vê então uma barata. Captura-a com as mãos e parece brincar com ela, estica suas patinhas, corta suas antenas e empurra-a com o dedo indicador para lá e para cá. Em seguida oferta a barata como alimento ao gato.

A câmera enquadra o busto nu da mulher e, sobre ele, duas mãos que acariciam seus seios. Extasiada de prazer, a mulher suspira frases de elogio:

Garotinho bonzinho...
Isso mesmo...
Bubby é um menino bonzinho.

Sentado à mesa, o homem, com as palmas apoiadas sobre a mesma, ouve as ordens dadas a ele pela mulher que está em pé ao seu lado:

Banheiro?
Não se mexa.
Se Jesus me disser que você se mexeu, eu te mato de porrada.

A mulher dirige-se à porta e com uma chave que está presa em um cordão no seu pescoço abre a porta. Na parede, ao lado da porta, está pendurada uma máscara que a mulher veste, e antes de sair reforça sua ordem em tom enérgico: "*Fique quieto.*".

Ao som de um compasso constante que quebra sutilmente o silêncio imperioso, o homem permanece sentado à mesa. Pendurado no alto de um pilar à sua esquerda uma imagem de Cristo crucificado é focalizada pela câmera que num movimento lento vai descendo e atinge o rosto do homem que olha para a imagem com expressão de alívio. Aos poucos a câmera atinge o tórax, os braços, a barriga, as pernas, e por fim ultrapassa o assento da cadeira do qual escorre urina.

A iluminação no local é tênue, em primeiro plano o homem é iluminado apenas por um pequeno foco de luz. Atrás dele, a mulher abre a porta, acende a luz, pendura a máscara, tranca a porta e anda em direção a ele. Antes que ela pronuncie qualquer palavra, o homem a antecipa: "*Bubby é levado.*". Mal termina de pronunciá-las e é interrompido por uma exclamação de reprovação da mulher: "*Meu Deus*!". Em seguida é esbofeteado por ela, que o indaga e o repreende:

– *O que você fez?*
– *Seu puto nojento!*
– *Seu pedaço de merda.*

– Vou te mandar para o inferno... E teus olhos e teu pau vão cair, seu imundo nojento!

Em pé apenas de camisa o homem mantém-se imóvel enquanto a mulher limpa suas pernas.

Nua e sentada sobre um corpo que se revela com o movimento da câmera, a mulher faz sexo com Bubby que acaricia seus seios enquanto ela pronuncia palavras carinhosas:

– Você é um bom menino.
– Mamãe ama seu pequeno Bubby.
– Gosta deles, não, Bubby? (referindo-se a seus seios)
– São bonitos, não são?
– Bom menino.

Um homem, uma mulher, mãe e filho. Assim, era o mundo de Bubby; as paredes de sua casa, alguns utensílios domésticos, alguns móveis, uma imagem de Cristo pendurada na parede e uma mulher, sua mãe. Um homem de 35 anos que não conhece outro mundo senão a casa onde mora, um lugar escuro, úmido e hostil. Bubby vive de forma primitiva em um local que mais parece uma caverna, uma gruta. Ele não tem autonomia nem sobre seu próprio corpo, sendo cuidado por sua mãe.

Apenas ela detém a chave da porta que dá acesso ao mundo de fora, o mundo que Bubby nunca sentiu. Nessa primeira parte do filme, Bubby é educado por sua mãe de forma não muito diferente à grande maioria dos povos controlados e manipulados pelo temor de um Deus único, personificado, vingativo e egoísta. Esse Deus pode ser entendido como uma autoridade, patriarcal ou estatal. Hoje vivemos um momento em que a religião na cultura ocidental e capitalista já não tem mais tanta força como a que fora vivida antes; entretanto, o poder desse Deus foi consumido por outra entidade tão onisciente e onipotente quanto ele próprio, a Ciência. O homem contemporâneo é, pois, educado para ser obediente às leis da Ciência e do Capital.

E por que, então, a situação de Bubby nos é tão incômoda? É possível que um dos fatores de maior incômodo para nós seja o fato de Bubby e sua mãe manterem, como foi descrito, uma relação incestuosa. Isso porque, talvez, estejamos tentando olhar para aquele mundo de forma literal e tentando, igualmente, racionalizar o que não é racional. O mundo de Bubby pode ser um mundo psicológico, entenda-se por mundo psicológico algo que é de natureza diferente da consciência e mais especificamente da consciência lógica.

Segundo alguns psicanalistas, a fantasia incestuosa faz parte de um conteúdo inconsciente que é reprimida pela consciência moral nos primeiros anos de vida. Quando, num primeiro momento, a imagem do pai e da mãe é supervalorizada e posteriormente é freada. Esse conteúdo pode ser associado ao trauma de um incesto possível entre Adão e a mãe dos homens, Eva, num fracasso da relação homem-mulher no Gênesis. Ou, ainda, e não podemos deixar de citá-lo, o complexo de Édipo (Édipo Rei que faz sexo com sua mãe e só mais tarde vai se aperceber disso).

A mãe de Bubby, assim como as mulheres mitológicas, não tem apenas uma face, ela é um múltiplo. E suas atitudes concentram dois grandes aspectos do feminino: mãe protetora que cuida, lava, alimenta, acaricia, e mulher demoníaca que maltrata, domina, abandona. O poder que ela exerce sobre ele é evidente, o maternal, segundo Jung (2000), é a mágica autoridade do feminino. A mulher ocupa vários lugares, ela é mãe e ao mesmo tempo mulher, bem e mal, luz e escuridão, vício e virtude. As mulheres estão no imaginário dos homens desde os tempos mais remotos como perversas e salvadoras, são elas as responsáveis pela vida e pelo sustento, mas são também demoníacas. E exatamente por serem lugar de sustento, cuidado, crescimento, transformação, renascimento, às mulheres ou ao materno foi outorgada a educação. Naturalizou-se que o exercício de educar é função feminina. Cabe a mulher/mãe e não ao homem/pai a educação das crianças.

Mas o leitor deve estar se perguntando o que a Lua, o astro e sua imagem, tem a ver com mundo de Bubby? A Lua é um mito da representação do feminino. Os homens viram em suas fases, as mesmas fases da fecundação da mulher, e por isso vários povos associaram-na a uma divindade feminina, como é o caso de Ísis (Egito), Rea (Grécia), Cibele (Frígia/Grécia), Kwan-In (China) etc. No filme, o elemento feminino se faz presente pela figura da mãe de Bubby. Em *Bad Boy Bubby* a Lua está presente na vida de Bubby o tempo todo, pois ela faz parte dele. Porém, a mãe de Bubby não é apenas a sua mãe, mas é a imagem da mãe de todos, ou melhor, a imagem da mulher que nos constitui como seres humanos. A Lua é, pois uma "imagem primordial".

> uma vez que são peculiares à espécie, e se alguma vez foram "criadas", a sua criação coincide no mínimo com o início da espécie. O típico humano do homem é a forma especificamente humana de suas atividades. O típico específico já está contido no germe. A ideia de que ele não é herdado, mas criado de novo em cada ser humano, seria tão absurda quanto à concepção primitiva de que o Sol que nasce pela manhã é diferente daquele que se pôs na véspera. (JUNG, 2000, p. 90)

Assim, ela constitui parte de nós, o lado feminino que existe em cada um. E, segundo Jung, concomitante a esse feminino há um masculino correspondente. No caso da Lua, seu oposto complementar é o Sol, que, por sua vez, simboliza o elemento masculino. E é da união e do equilíbrio dos opostos que temos, pois, a unidade. A Lua faz parte do arquétipo do par divino (feminino-masculino).

A permanência do mito lunar

O mito lunar que permanece no cinema, também permanece na vida de todos nós, principalmente se adotarmos a concepção de cinema de Pasolini: cinema como linguagem da realidade.

Em filmes como *A Voz da Lua* (Federico Fellini), *Luna Papa* (Bakhtyar Khudojnazarov), *Kaos* (Paolo e Vittorio Taviani), *A Guerra dos Roses* (Danny DeVito) e *A Teta e a Lua* (Bigas Luna) entre outros, o mito lunar também está presente, contudo, ao contrário de *Bad Boy Bubby*, aparece como astro e geralmente atua como personagem em situações em que a mulher demonstra seu poder sobre os homens. Em *A Voz da Lua,* de Fellini, por exemplo, a Lua compõe a cena de sexo entre uma mulher e um homem, na qual a mulher enlouquecida de prazer deita-se sobre o homem e ao som de uma locomotiva em movimento parece atropelar o homem que está sob ela. E a Lua que os observa parece reger tal melodia dando o ritmo da cena. Já em *A Guerra dos Roses* de Danny DeVito, a Lua precede as cenas de "guerra doméstica" dos Roses. Ela é, portanto, pivô das discussões do casal que os levam a morte.

É comum, também, relacionarmos a Lua ao terror. Inclusive são poucos os filmes de terror em que a Lua não compõe alguma cena. A face da Lua que se apresenta nesses filmes é a demoníaca, a sombria, a cruel. Essa obscuridade da Lua pode ser interpretada como uma herança das sociedades sem luz elétrica, uma vez que era durante a noite, na penumbra, sob a luz do luar, que o "mau" acontecia.

Não poderia deixar de lembrar os filmes ditos "românticos". Cenas em que a união amorosa entre um homem e uma mulher parece ter o consentimento da Lua. A Lua como símbolo de fertilidade e benevolência. É essa Lua que sela o maior dos sentimentos de uma relação homem-mulher, o amor.

E é entendendo cinema pela ótica de Pasolini e sustentada pela concepção da psique humana formulada por Jung que posso afirmar que a Lua está em nós assim como ela está em Bubby.

Bibliografia

ALMEIDA, Milton J. de. *Cinema*: arte da memória. Campinas: Autores Associados, 1999.

ELIADE, Mircea. *Aspectos do mito*. São Paulo: Martins Fontes, 1963.

HIGHWATER, Jamake. *Mito e sexualidade*. São Paulo: Saraiva, 1992.

JUNG, Carl Gustav. Os *arquétipos e o inconsciente coletivo*. Petrópolis: Vozes, 2000.

______. *O homem e seus símbolos*. Rio de Janeiro: Nova Fronteira, 1996.

LAHUD, Michel. *A vida clara*: linguagens e realidades segundo Pasolini. São Paulo: Companhia das Letras, 1993.

MARTIN, Marcel. *A linguagem cinematográfica*. São Paulo: Brasiliense, 1990.

OLIVEIRA JUNIOR, Wenceslão Machado de. *Chuva de cinema*: natureza e cultura urbanas. Tese (Doutorado em Educação) – Faculdade de Educação, Universidade Estadual de Campinas, Campinas, 2000.

PASOLINI, Pier Paolo. *Empirismo herege*. Lisboa: Assírio e Alvim, 1982; 1981.

SICUTERI, Roberto. *Lilith*: a lua negra. Rio de Janeiro: Paz e Terra, 1985.

Filmografia

BAD BOY BUBBY. Direção: Rolf de Heer. Austrália: AFFC, 1993.

FEITIÇO DA LUA. Direção: Norman Jewinson. Estados Unidos: Fox Film, 1978.

A VOZ DA LUA. Direção: Federico Fellini. Itália: Cecchi Gori Group Tiger Cinematografica, 1990.

A GUERRA DOS ROSES. Direção: Danny DeVito. Estados Unidos: 20th Century Fox, 1989.

KAOS. Direção: Paolo Taviani e Vittorio Taviani. Itália: Filmtee, 1984.

LUNA PAPA. Direção: Bakhtyar Khudojnazarov. Alemanha/França/Japão/Áustria/Rússia: Euro Space, 1999.

A TETA E A LUA. Direção: Bigas Luna. Espanha: Cartel, 1994.

Iniciação aos objetos sagrados: os talismãs no percurso de Amélie Poulain

Beatriz Sampaio Pinto[1]

Rasgadas, amassadas e descartadas, as pequenas fotografias tiradas em cabines das estações de metrô de Paris são minuciosamente reconstituídas e organizadas num álbum, com a identificação da data, local e hora em que foram encontradas. Como quem monta as peças de um quebra-cabeça, Nino reúne os retalhos de fotos jogadas no lixo. Em meio à coleção, certo homem de fisionomia neutra chama a atenção ao aparecer, ao todo, doze vezes ao longo do extenso catálogo de rostos e expressões. Qual figura estranha sairia a tirar retratos pelos quatro cantos da cidade para depois jogá-los fora?

Olhos na foto tentando interpretá-la. Folheiam o álbum Amélie e o Homem de Vidro, debruçados sobre o mistério do rosto que insiste

1 Graduação: Laboratório de Estudos Audiovisuais OLHO, Faculdade de Educação--Unicamp. bia_smp@yahoo.com

em se repetir. Cada um a olhar partindo da perspectiva do que se é, unidos na contemplação da imagem, na intersecção de seus medos, concepções, desejos e significações. Amélie arrisca que a aparição do mesmo homem por tantas vezes talvez seja uma espécie de ritual, ou mesmo um morto que, com medo de ser esquecido, manda fotos do além para que os vivos se lembrem dele. Ela, a jovem solitária, que paira entre os vivos, intimida-se a agir num mundo que a amedronta. Já ao Homem de Vidro, o ato de jogar os retratos no lixo parece querer expressar o desespero pelo medo de envelhecer e, talvez, espalhar diversas fotos pela cidade o tranquilize. Ele, o mestre sábio, que convive entre seres de memória curta e com medo de envelhecer. Ao interpretarem a realidade de forma singular, em visões próprias, captam leituras diferenciadas de um mesmo objeto e, juntos, desembocam num terceiro olhar, compartilhado, cúmplice.

Ainda não sabem que se trata apenas do homem que conserta as cabines de foto, mas essa é também apenas mais uma interpretação possível. O esconderijo daquilo que adotamos como verdade protege o "real" das mais diversas possibilidades, especialmente ao querer engaiolar uma única resposta aceitável. Nesse sentido, o que nos apresenta aos olhos precisa ser percebido para além da aparência, do pronto ou do óbvio. Se pudermos compreender as frágeis paredes do olhar generalista, estaremos, então, aptos a nos sentar ao lado de Amélie e do Homem de Vidro e a compartilhar preciosos devaneios sobre nós mesmos.

Da mesma forma, nos debruçamos, orientador e orientada, sobre o filme *O fabuloso destino de Amélie Poulain* que, de alguma (ou de muitas) forma, nos sensibilizou.

Fazemos parte do que enxergamos, transformamos nosso olhar e somos modificados pelo que vemos. Percorri o trajeto das múltiplas percepções ao deparar com as possibilidades de exploração do filme. E assim como Amélie, atraída até a caixinha de metal de Bretodeau, me aproximei também do filme, encantada pelos detalhes imperceptíveis, pelo sagrado das pequenas coisas, pela dança dos copos, pelas cores fortes em vermelho e verde, pela chuva de bolinha de gude, pela música delicada de Yann Tiersen.

Apresentamos neste estudo uma possível forma de compreender o filme. Longe de ser a única, é uma leitura conjunta, um recorte entre tantos outros. Eternizado em forma de texto, esse trabalho representa, simbólico e significativo, parte das reflexões, ideias, sensibilidades e descobertas encontradas pelo caminho. A finalização é apenas a porta para o início.

O Fabuloso Destino de Amélie Poulain é um filme que nos fala sobre o instante, o momento de encontro da ação com o tempo. O instante é rápido, é fugaz, é uma fagulha que some aos olhos e tão logo se torna passado só de se pensar nele. O tempo do instante é aquele que se aloja nos espaços silenciosos do percurso do ponteiro, entre os segundos. Quantos instantes cabem numa vida inteira? Infinitos, incontáveis. Escorrem por entre os dedos e entendemos que é impossível estancá-los. Sabemos bem disso. Mas quem se importa? Continuamos a tentar cristalizá-los, engaiolando-os para que, possessivos, possamos acessá-los "quando nos der na telha". Dessa forma, nenhum esforço é extremo para a materialização dos instantes, nem que para isso seja preciso empalhá-los, escondê-los em caixinhas de metal ou pintá-los copiosamente. Tudo para que não se percam no buraco negro do esquecimento. Apenas morre o que é esquecido ao longo dos anos. Apenas falece aquilo que perde sua força no gradual deixar de existir. E o tempo, *Cronos*, esse deus que devora os próprios filhos, é implacável ao consumir a todos aqueles que passam por ele.

Nosso destino, tal como o álbum de fotos de Nino, é uma coleção de instantes. Pulsam para que a vida se faça, palpitam ligeiros como o coração de Amélie quando tocada no exame clínico mensal feito pelo distante e rígido pai médico. Amélie é a criança que gostaria de, na língua universal dos sentidos, ser abraçada por ele de vez em quando. No entanto, o médico diagnostica a doença diante do irregular batimento cardíaco da menina; emocionada pela tão incomum aproximação do pai. Amélie sofre do coração. Doente, não podendo ir à escola, a mãe torna-se sua professora. Os pais de Amélie olham a debilitada menina com pena e, cautelosos, privam-na das emoções mais fortes, das outras crianças, das viagens em família. Na tentativa de poupar o coração, acabam por pouparem-lhe a vida.

Longe do convívio com outras crianças, entre um pai distante e uma mãe agitada, Amélie refugia-se num universo próprio, orbitando num mundo imaginário e paralelo à convivência entre os demais. Seu peixinho dourado reage, suicida-se, àquela vida claustrofóbica e angustiante; joga-se corajosamente para fora do aquário até ser devolvido a seu devido ambiente, o rio. A pequena Amélie, no entanto, permanece represada no aquário de sua infância cheia de restrições, não podendo sair por aí a nadar pela correnteza, pois ainda é criança, pois ainda é doente.

Para consolá-la da distância do amigo aquático que, como ela, compartilhava da transparência da vidraça [ele no aquário, ela na janela], sua mãe lhe compra uma máquina fotográfica de segunda mão. Eram novas e outras as lentes para se observar o mundo. Extasiada com o brinquedo, Amélie passa, então, a enquadrar os detalhes. A menina aperta o botão da máquina fotográfica e o instante, o encontro de ação e tempo, é registrado. Para ela, as nuvens têm mil formas e o simples clique da câmera foi capaz de causar a pequena batida entre dois carros na esquina de sua rua. A cristalização do instante é um perigo, e o vizinho alerta Amélie sobre isso, convencendo-a de que sua máquina fotográfica causara o pequeno acidente. Sentada ao sofá e na frente da TV [da mesma maneira que ela aparecerá anos depois], fica na dúvida sobre a afirmação do vizinho. Depois de fotografar a tarde inteira, conclui que somente ela poderia ser a responsável pelos desastres de avião e pelos graves acidentes anunciados no noticiário. Quão poderosa era a inocente atitude de fotografar! Amélie sentiu, pela primeira vez, o peso de poder transformar o destino alheio, de dominar o instante e sofrer as consequências dos seus atos. Mais tarde viu que o vizinho, na verdade, zombara dela.

Amélie perde sua mãe ainda criança, quando um turista suicida decide pular no exato instante em que a Sra. Poulain saía da igreja. A consequência do encontro foi fatal e a mãe de Amélie morreu na hora. O Sr. Poulain, depois da morte da esposa, mergulhado em tristeza, torna-se ainda menos afetivo. Passa, então, a cuidar de um mausoléu em miniatura, onde abriga as cinzas da mulher. Amélie, ainda criança, espera. O tempo passa, a neve cai, as flores crescem, as estações voam. Amélie continua a esperar. Como fez tantas vezes durante o filme, olha pela vidraça da janela a vida que corre lá fora.

Na confluência dos tempos e dos espaços, recluso em seu apartamento, ermita o Homem de Vidro na ponta dos pincéis inspirados em Renoir. Diagnosticada a doença congênita nos ossos, ele evita há vinte anos sair de casa. O Homem de Vidro, doente, também espera. Seus ossos são como cristal, frágeis a um simples aperto de mão e aos demais contatos com o mundo. Por isso não sai de casa. Por isso seus móveis são acolchoados. Por isso sua vida tem todos os cuidados reservados, como se esta fosse um frágil e valioso objeto de vidro. Na tentativa de poupar os ossos, acabou por poupar-lhe a vida, evitando que esta estilhaçasse no contato desprotegido com o mundo. Nessa reclusão, o Homem de Vidro pinta uma réplica, anualmente, do mesmo quadro *O almoço dos barqueiros*, de Renoir. Ao longo dos anos, e em meio às cópias do conhecido artista francês, lamenta-se por não conseguir captar o enigmático olhar da menina do centro do quadro que, mesmo estando entre os demais, permanece distante.

Ambos, pacientemente, esperam. Há vinte anos o Homem de vidro pinta Amélie. Agem em espaços diferentes, na intersecção dos tempos, dos instantes, do destino. No momento em que o Homem de Vidro passa a pintar as incessantes cópias do quadro de Renoir, os dois juntos descobrem sua doença: ele dos ossos, ela do coração. Mesmo em espaços diferentes, o velho prepara ao longo dos anos a menina do copo de vidro. Aperfeiçoa seus traços enquanto Amélie confina-se em sua infância solitária. Debruçado em sua pintura, cria, lapida, empenha-se no fazer artístico, no cenário preparado somente para ela. Pinta Amélie no centro da tela, entre pessoas que interagem felizes ao redor de uma mesa de refeição. Compõe o destino que vai sendo esboçado, que se revela na longa jornada do processo de iniciação.

O Homem de Vidro é o iniciador. O criador que transmite à criatura parte do aprendizado concebido durante sua própria trajetória. O iniciador, que um dia foi também um aprendiz, atravessou da mesma forma o caminho de transformação. Passou pelo segundo nascimento, pelos obstáculos, limites e desafios oferecidos pela vida. A figura do mestre é geralmente a de um velho, um sábio, um sujeito experiente que sabe mais que os demais. Justamente por ter passado pelo caminho da aprendizagem – o caminho da iniciação – o sábio recebe a propriedade de guia e também de iniciador. Amélie é a escolhida. Será ela que receberá o legado do mestre, sua orientação, suas técnicas, seus símbolos e os frutos de sua vocação. Por isso o preparo é minucioso, por isso é preciso que ela amadureça. Somente recebe o tesouro do pai aquele que puder passar pelo limiar, pelo primeiro nascimento, pela porta do sol, pelas ilusões de "bem" e "mal".

> Para aqueles que não recusam o chamado, o primeiro encontro da jornada do herói se dá com uma figura protetora, que com frequência é uma anciã ou um ancião. Ela é a entidade que fornece ao aventureiro amuletos que o protegem contra as forças titânicas com que ele está prestes a deparar-se. (CAMPBELL, 1995, p. 74)

O Homem de Vidro conhece bem cada personagem da pintura, cada sujeito que cruzará o caminho de Amélie. Mesmo trancafiado em seu apartamento, observa a vida que acontece lá fora, seja pelas lentes do binóculo, pela câmera de vídeo, seja, ainda, pelos olhos do desajeitado funcionário da quitanda. Ainda que distante, vive da vida de Amélie, cultua a tela de sua pintura como um ritual, feito mágico ou trabalho sagrado. Conversa e sente o temperamento das personagens que, às vezes, parecem mudar de humor assim que ele vira às costas. No entanto, a menina do copo de vidro o intriga e os esforços para desvendá-la chegam ao limite da imagem. É hora de trazê-la para si e orientá-la na transição do limiar. Para atraí-la, o Homem de Vidro lhe envia o chamado, manda-lhe um desafio. Amélie, caso aceite, está preparada para seguir na jornada da iniciação. Se não, seguirá ainda por alguns anos (e por mais algumas cópias) até o dia em que estará apta a, então, entrar em contato com seu iniciador.

Amélie já adulta, pronta para nadar em outras correntezas, sai da casa do pai, torna-se garçonete em um café de Paris e passa a morar sozinha num apartamento. Na linha do destino, aos poucos cruza seu caminho com o de seu criador. No momento certo, o Homem de Vidro a evoca. O chamado se dá pela caixinha de metal. O encontro preparado por ele, por tantos anos, alterará não só o destino de Amélie, como também o curso da vida das pessoas que estão à sua volta. As cópias do mesmo quadro feitas pelo Homem de Vidro, na busca pela perfeição do olhar da menina do copo de vidro eram, na verdade, um convite, uma convocação, um chamado.

Na noite de 30 de agosto de 1997 um grande fato muda sua vida para sempre. Pelo noticiário da televisão, tomamos conhecimento da inesperada morte da princesa de Gales, Lady Di, naquela mesma noite, em Paris. No entanto, não é a informação em si que transformará a vida da nossa protagonista, mas o impacto que a morte da princesa causa às mãos de Amélie que, admiradas, soltam a tampa do perfume, deixando-a cair no chão. No trajeto do objeto esférico pelo piso, a tampa bate num azulejo solto no rodapé do banheiro, desencaixando-o. Ainda dividindo a atenção com a TV, Amélie distraidamente nota a fissura na parede e remove o pedaço de piso, deparando com um buraco escondido na mureta. Como se soubesse o que a esperava, Amélie tateia o vazio de terra escondido/ocultado pelo azulejo e, das profundezas, encontra uma pequena caixa de metal.

Amélie toma o tesouro em suas mãos. Assopra, tenta retirar a poeira do objeto antigo e, lentamente, abre a caixinha de metal. Não é menor a sua surpresa quando depara com diversos, pequenos e preciosos brinquedos escondidos por um menino há quarenta anos. O narrador nos diz que só o primeiro homem a entrar no túmulo de Tutâncamon entenderia a emoção sentida por Amélie naquele instante. Aquele também era um túmulo sagrado, um templo onde a infância do menino que morou em seu apartamento fora enterrada. Entre a morte da princesa e as cinzas da infância de um desconhecido, entre a perplexidade e o encantamento, Amélie desliga a TV. Não existiria nada mais importante naquele momento, nem mesmo a morte de Lady Di.

A Amélie foi dado o dom de reconhecer as pequenas singelezas da vida. O Homem de Vidro, consciente dessa sensibilidade, sabia que ela, ao abrir a caixa de metal, logo reconheceria o quão precioso tesouro tinha em mãos, distinguiria o sagrado naqueles fragmentos de infância enterrados solenemente. Deitada em sua cama, um pensamento persiste. Às 4 da manhã, decide jogar com as possibilidades do destino: tentará encontrar o dono da caixa de metal e lhe devolverá seu tesouro. Se ele se emocionar, ela se imiscuirá na vida dos outros; senão, azar. Naquela mesma noite, morria a jovem princesa caridosa e nascia Amélie, em seu sentimento quixotesco e ansioso por agir no mundo.

Sai, então, em busca de informações sobre o provável menino que morou em seu apartamento nos anos 1950, o possível dono da caixinha de metal. Começa pela casa da vizinha Madalena Wallace com a qual, ao longo dos anos, havia trocado poucas palavras. Diante do interesse da jovem, Madalena fica a pensar em voz alta sobre os muitos meninos que conheceu ao longo da vida. Entre devaneios, não fornece a informação de que Amélie precisa, mas apresenta-lhe sua história e abre sua vida.

Entramos, então, no mundo de Madalena Wallace. Seu marido trabalhava numa companhia de seguros. As pessoas que o conheciam comentavam que ele dormia com a secretária, com quem fugiu tempos depois para os Pampas após roubar 50 milhões do caixa da empresa. Certo dia chega a notícia de que seu marido havia morrido num acidente de carro na América do Sul. Nesse instante sua vida para. E seu cão, Leão Preto, de tamanha tristeza, morre.

No centro da sala, a ilustração de sua vida. O grande retrato do marido é cultuado entre os objetos que o lembram e entre os cuidados da viúva traída. O cachorro empalhado olha com amor e lealdade a imponente figura do dono. No fundo de um armário, um punhado de envelopes guardados é o registro, por cartas, de tempos felizes. Objetos sagrados, peças de altar que, assim como o cão, tentam empalhar o amor sentido pelo marido em um passado que não existe mais. Madalena conserva-o, mumifica-o, protege o que possui de mais precioso no formol das lindas lembranças para que não pereça com o tempo, com a umidade do falatório invejoso e com as possíveis verdades.

Lidas e relidas pela vizinha, as cartas renovam a crença no amor àquele marido que jamais a traiu. Como um evangelho que narra a história de sua própria vida, Madalena revive, na leitura da palavra, o sentimento que permanece sagrado. Devota, a vizinha cultua a imagem do marido e medita sobre suas escrituras. Ele olha e fala com ela por meio do retrato e do que lhe diz nas correspondências. O altar, a fotografia e as cartas constituem-se como elementos de acesso e comunicação, transcendendo a dimensão do real.

Apesar de sensibilizada com sua história triste, Amélie não consegue da vizinha nenhuma informação sobre o dono da caixa de metal. Madalena, no entanto, lhe dá uma pista, pede para que procure Collignon, o quitandeiro.

E assim segue nossa protagonista Amélie pelo caminho incerto da procura. Vai até Collignon, que também é seu vizinho. Quem atente os clientes na pequena banca de frutas e legumes é Lucien, o funcionário do quitandeiro, seu subordinado. O narrador o apresenta sob o olhar terno com que Amélie o observa. Ela gosta da forma delicada com que Lucien pega as endívias, respeitoso, como se fossem objetos preciosos, diz o narrador. Quem não gosta da forma como o rapaz trabalha é seu chefe, que desaprova o atrapalhado funcionário a todo o momento, não perdendo a oportunidade de humilhá-lo, especialmente na frente dos clientes. Amélie interroga Collignon à procura de informações sobre o menino que morou em seu apartamento nos anos 1950. Collignon também não sabe responder e pede para que ela procure sua mãe, que tem boa memória.

Amélie vai, então, até a casa dos pais do quitandeiro. A mãe de Collignon, dominadora, sistemática e extremamente organizada, registra tudo que pode num livro de anotações. Graças a esse feito, surge uma pista pelo caminho, o sobrenome da família que morou em seu apartamento décadas atrás: Bredoteau.

A estrada prepara-se para o encontro de Amélie e Nino, seu futuro namorado. Uma bela canção ecoa pela estação de metrô. Encontramos, então, um cego, representação do amor, sentado ao lado da vitrola que risca a inebriante música do vinil. Amélie joga uma moeda para o cego; em troca, permite que ela aviste Nino a fuçar debaixo da máquina de fotos. O narrador, então, nos apresenta o rapaz que cutuca com uma régua o vão da cabine de fotos da estação do metrô. Ele coleciona, em um álbum, instantes esquecidos, fotos descartadas, imagens que não saíram boas – será este mesmo álbum que Nino perderá pelo caminho mais tarde. Amélie, assim como nós, encara o curioso rapaz. Ela se aproxima dele meio assustada, com o olhar fixo em Nino. Parece uma criança a olhar outra criança, parada a admirar a estranheza do que lhe parece familiar. Naquele instante, Amélie se apaixona e foge.

Amélie deixa a estação de metrô e vai visitar o pai. Ao chegar, o encontra reformando um anão de jardim, presente ganho dos colegas de trabalho, anos atrás, por conta de sua aposentadoria. Como a esposa detestava o ornamento de jardim, Sr. Poulain o mantinha escondido na garagem. Depois de sua morte, o velho homem prepara o anão de jardim para "reconciliá-lo" com a esposa. No altar da falecida Armandine Poulain, a estatueta é colocada entre a composição de elementos sagrados da vida do pai de Amélie: as lembranças da esposa, os amigos do trabalho, os momentos em família.

A filha, percebendo a dedicação do pai ao local precioso feito para a mãe, o consulta, indiretamente, sobre o que sentiria se alguém encontrasse algo que ele próprio guardou, por um longo tempo, como um tesouro: feliz, triste, nostálgico. Ele não sabe responder, não consegue visualizar nenhum objeto que, para ele, seja tão valioso. Apenas comenta, respondendo quase sem perceber a pergunta da filha, que será preciso envernizar novamente seu objeto sagrado, o anão de jardim, antes do outono para preservá-lo das ações do tempo.

Amélie procura Bredoteau na lista telefônica e encontra vários sobrenomes iguais em diferentes endereços. Anota três nomes numa caderneta e inicia sua busca. Amélie tem as fichas na mão, resta jogar com elas. Três chances. Vai, então, à casa do primeiro Bretodeau, que, por ser muito jovem, já é descartado. O segundo é o sobrenome de uma mulher. E o terceiro, assim que ela chega a sua casa, repousa morto, em um caixão. Sem sucesso, nossa protagonista volta para casa. A caminhada é difícil e esse parece ser o fim da linha. Frustrada, sobe as escadas de seu castelo, derrotada em sua batalha contra as forças do destino. No recuo do trajeto, de volta para casa e para isolamento da torre, o Homem de Vidro faz sua intervenção/aparição. Ele é o sábio que fornecerá a pista de que Amélie precisa; uma resposta para o enigma. "O nome é BreTOdeau e não BreDOteau", diz.

Amélie ao deparar com o velho, tenta apresentar-se a ele, em vão. O Homem de Vidro sabe muito bem quem é Amélie, sabe onde mora e sabe onde trabalha. Sabe muito mais do que ela imagina. Ele, então, a convida para entrar em sua casa/templo. Ela logo percebe seus móveis acolchoados, sua câmera de vídeo apontada para o relógio da igreja e a tela de Renoir escorada no cavalete. Amélie vê a pintura e encara-se como se estivesse diante de um espelho; se reconhece na menina do copo de vidro. O Homem de Vidro, da mesma forma, ao percebê-la em simetria com a imagem, pergunta curioso a Amélie no que a menina do quadro é diferente. Amélie não sabe responder. O Homem de Vidro, então, mestre das fragilidades, identifica onde dói. Vê a solidão no olhar distante de Amélie e arrisca a hipótese de que talvez ela não tivesse brincado com outras crianças na infância. Resposta certa, a aprendiz reage. Diante da pergunta correta, das palavras mágicas, a pintura ganha vida. O olhar de Frankenstein volta-se para o mestre/criador. Eis o encontro, o início, o nascimento.

O percurso traçado pelo Homem de Vidro continua. Falta completar a missão: devolver a caixinha de metal a Bretodeau. O iniciador de vidro mune Amélie de mais uma pista, fornece a ela o endereço que ela tanto procurava.

> O médico é o moderno mestre do reino do mito, o guardião da sabedoria a respeito de todos os caminhos secretos e fórmulas poderosas. Seu papel equivale precisamente ao do Velho Sábio, presença constante nos mitos e nos contos de fadas, cujas palavras ajudam o herói nas provas e terrores da fantástica aventura. (CAMPBELL, 1995, p.19)

Sob a voz do narrador, seguimos Bretodeau por uma feira, frequentada por ele toda terça. Faz parte de sua rotina comprar um frango sempre nesse mesmo dia, destrinchá-lo com prazer e prepará-lo ao forno com batatas. No entanto, somos avisados pelo narrador, de antemão, que nesta terça o trajeto de Bretodeau não irá além da cabine telefônica. É de lá que vem o som do telefone que toca tão incessantemente, que parece chamá-lo. Amélie aprende rápido e, tal como seu mestre, cria boas armadilhas. Bretodeau vai ao encontro do telefone, mas, assim que o atende, a pessoa do outro lado desliga. Nós, meros espectadores, vemos que esse alguém é Amélie numa outra cabine próxima. Bretodeau, no entanto, não sabe disso e põe o fone no gancho, lentamente, como se estranhasse toda aquela situação. Há, de fato, algo estranho. Em cima da lista telefônica, percebe uma caixinha de metal. Pega o objeto com curiosidade, sacode, vê os lados, abre. Os objetos encontrados são como portais e, por meio deles, num segundo tudo volta à lembrança de Bretodeau: a caixinha é sua. Emocionado, olha a sua volta, como se não pudesse acreditar no que vê.

Em preto e branco, tentamos acompanhar o ritmo que as imagens passam por seu pensamento. Na caixinha, entre outras miudezas, há a foto de um jogador de futebol, uma miniatura de um ciclista em sua bicicleta e bolinhas de gude. Mergulhamos no passado esquecido/relembrado da infância de Bretodeau. Corremos com seu ciclista preferido pelo Tour de France de 1959. Vemos que a foto do jogador de futebol lembra, na verdade, a combinação da tia Josette, já que a foto servia para tapar o buraco pelo qual Bretodeau menino espiava a moça trocar de roupa. E as bolinhas de gude que lembram, sobretudo, aquele dia trágico em que ele venceu o jogo na escola. Era o fim do recreio e ele ganhara todas as bolinhas. E eram muitas, várias, tantas que ele mal conseguia catá-las. O professor, cansado de chamar, arrastou Bretodeau pelas orelhas até a fila. Foi nesse instante que seu bolso, de tão cheio, rasgou e derramou todas as bolinhas pelo chão, um punhado delas, em gotas de chuva entornada a seus pés.

Assim como a singularidade das palavras, também os objetos são, eles próprios, únicos para cada pessoa. Carregam histórias, contextos, significações, valores que, por mais que tentemos, jamais teremos a dimensão exata da preciosidade carregada por eles. Amélie não tem o poder de entrar na lembrança alheia, como fizemos com a ajuda do narrador para acessar, telepáticos, o significado literal carregado pelos objetos pessoais de Bretodeau. Mas ela, ao menos mediúnica, os reconhece, vê seus vultos e percebe sensitiva a presença dos objetos de valor na vida das pessoas. Esse foi o dom dado a Amélie pelo iniciador Homem de Vidro, a propriedade de reconhecer a alma dos objetos.

Quanto à Amélie, esta não assume o feito. Fica a espiar, curiosa e satisfeita, as reações de Bretodeau. A satisfação é ver o que acontece, ver se aquilo que ela espera é concretizado, ver de que maneira suas ações o afetaram. Ela brinca de Deus, interessada nas mudanças que pode fazer na vida das pessoas. Num bar, Bretodeau desabafa no balcão, ainda perplexo com o que lhe acontecera. Amélie, ao lado, tenta escutar o que diz, sem revelar-se. Bretodeau pensa alto sobre como os anos passam rápido. Conclui consigo mesmo que, no fim, o que sobra da infância cabe numa pequena caixa enferrujada. Bretodeau tem uma filha da idade de Amélie, eles não se falam há anos. Ela tem um filho, um neto que Bretodeau não conhece. O encontro com a caixa de metal faz que ele decida ir vê-los, antes que, também ele, acabe reduzido, em matéria e memória, numa caixa enterrada, escondida num buraco.

Cumprida sua primeira missão: a travessia do limiar. Amélie, satisfeita com o resultado com Bretodeau, sai à rua, radiante. É o narrador que nos conta a quão satisfeita ela está consigo mesma. Depois do feito, (re)significa o mundo e sua visão das coisas. A vida passa a parecer-lhe simples e, de repente, ela é tomada pelo desejo de ajudar a humanidade inteira. Um cego do metrô novamente lhe aparece, espera na calçada para atravessar a rua. Amélie, possuída pela vontade de ajudar os outros, toma-o pelo braço e guia-o na travessia da movimentada rua. O cego representa uma parte da personalidade de Amélie, ela o pega pelo braço, torna-se seu guia e, sem medo, cruza o limiar, no trespassar das margens. Enfrenta sua própria limitação e passa a ver o que antes não enxergava. No caminho, vai descrevendo ao cego o que ela, agora, vê. Descreve o que lhe aparece pela frente, os detalhes que lhe surgem pelo caminho. Fala da risada do marido da florista, da vitrine da padaria, do cheiro do melão que o fruteiro acabou de cortar, do bebê que olha um cachorro, que olha os frangos que giram no galeto. Estão próximos à banca de jornais, na entrada do metrô. Ela, então, o deixa por lá, dando-lhe as coordenadas necessárias para que ele se localize no novo espaço, no novo cenário que se apresenta.

Amélie atravessa a rua de braços dados com o cego. Com ele, atravessa também a barreira dos cinco sentidos, tal como o Futuro Buda, ao enfrentar os obstáculos do mundo físico. Passa pelos cheiros, pelos sabores, pelas texturas, pelos sons que vêm da rua. E, transcendendo os limites da visão, do aparente, do que não é claro aos olhos, cruza o limiar da própria existência, avançando na trajetória do aprendizado e do processo rumo à individuação.

Amélie ficou fascinada não só pelo que estava escondido na caixa de metal; ficou encantada pelo próprio fato de trazer à tona um objeto valioso, porém esquecido nas profundezas inacessíveis de uma parede qualquer. Ao entrar em contato com o esconderijo criado por um desconhecido, Amélie pôde se identificar com os espaços que todos nós criamos para enterrar o que temos de mais sagrado.

O sagrado está contido nos objetos guardados, cuidados, cultuados pelos personagens que cruzam o seu caminho. Amélie consegue, com o dom despertado pelo Homem de Vidro, rastrear os objetos pessoais preciosos, os canais de comunicação que atingem as pessoas que conhece. Estes objetos preciosos (o anão de jardim, as cartas da vizinha, o álbum de Nino etc.) traduzem-se na materialização do desejo, da saudade, do instante que se perdeu. É por meio deles que Amélie irá agir, e é por meio desse processo que Homem de Vidro despertará em Amélie a aprendizagem de afetar o outro. Por eles e por meio deles que Amélie se comunicará e suas ações se constituirão: rouba as cartas da vizinha e cria uma falsa nova carta do marido para (re)significar a dor da vizinha; retira o anão de jardim do altar do pai e o põe para viajar pelo mundo, na tentativa de fazer o pai sair de casa.

Os planos são traçados e pensados estrategicamente, algumas vezes darão certo e outras vezes nem tanto.

A materialização do sagrado nesses objetos representativos, para os quais a energia da vontade se canaliza, lhe confere uma aura numinosa, mágica. O movimento mobilizador da vontade interna, capaz de transformar atos concretos, é capaz de dirigir esforços para a realização da ação, da transformação do espaço, da materialização da vontade. No entanto, os personagens estão presos na roda constante e repetitiva de seus significados e atos. As manias e a mecanização da atuação cotidiana, viciada no olhar acomodado das percepções individuais, encontram nos símbolos pessoais o canal de abertura para se repensar o mundo. Os símbolos pessoais tornam-se/constituem-se como depósitos concretos dos desejos, intenções, percepções e vontades. Amélie, ao alterar os símbolos pessoais dos personagens, também lhe transformam a vida.

Mas quem espalhou esses objetos pelo caminho percorrido por Amélie foi o Homem de Vidro. Foi ele quem mostrou a ela a propriedade de modificar, a partir dos objetos sagrados, as percepções e atitudes com relação à vida, como se tais objetos fossem mágicos. Agem, portadores de poder, como amuletos ou talismãs. Aqueles que se encontram munidos por esses escudos metafísicos podem, fortalecidos, agir. O nome talismã se originou do nome *tilasmi*, que era a forma como os árabes chamavam esses objetos sagrados e significa tanto "sortilégio" quanto "aquilo que se veste ou se porta".[2] Amélie deve aprender que é preciso não só confeccionar talismãs e tê-los, mas é necessário também agir, sem esperar que, sozinhos, funcionem por si só. O contato com os tesouros pessoais fez que Amélie entrasse em contato consigo mesma, despertando-a para a busca de um sentimento e de um poder que acreditava não ter.

O processo de iniciação traçado pelo Homem de vidro, em vez de apontar a mudança direta na postura que Amélie assume diante de sua própria vida, é mediado por fases. Primeiro ela a atrai pelo

[2] URBAN, 2003.

desejo e a satisfação de conhecer a fundo os medos, os prazeres e os símbolos pessoais das pessoas para, assim, modificar da mesma forma os seus próprios. Amélie sente-se transformada ao modificar a forma como as pessoas a sua volta encaram a vida. Julga-se boazinha e caridosa como a princesa Diana, compara-se à Madre Teresa de Calcutá e considera-se fundamental para a felicidade alheia. Seus esforços, tal como seus sentimentos heroicos para livrar a humanidade de seus males, inspiram-na e parecem colocá-la no destino correto. E, então, dominada por esse sentimento virtuoso para agir no mundo, deseja ser assim para o resto da vida. Mas e a sua vida? – interfere mais uma vez o mestre de Vidro – quem irá modificar? Neste momento, o sábio intercede e a faz perceber que não é somente a vida dos outros que precisa de ajuda, mas também a sua própria.

O professor/educador/iniciador de Amélie tem o trabalho de integrá-la ao mundo em que vive, de prepará-la para interagir com o ambiente em que está, sem estratagemas ou rascunhos, sem esconder-se em lugares ilusórios ou em identidades idealizadas. O Homem de Vidro lança, então, o segundo desafio a Amélie. Passado por esse segundo limiar, Amélie terá, enfim, seu destino completamente transformado. Seu desafio agora é revelar-se, interagir com o mundo. Para isso, precisa ter coragem para devolver o álbum de fotos (o objeto sagrado) perdido por Nino. No entanto, Amélie precisa tornar-se visível e agir sem ser nas entrelinhas, compartilhando (e não apenas assistindo) as situações e as ações em que vive. A trajetória é difícil e Amélie, apaixonada pelo estranho rapaz, por suas fotos rasgadas, por olhar que percebeu os detalhes fascinantes dos instantes descartados, não consegue enfrentar as possibilidades de risco oferecidas pelo mundo, pelo medo, pelo real. Apesar de seus ossos fortes, Amélie vive dentro de suas ilusões. Teme ter o coração de vidro.

O Homem de Vidro ensina a Amélie que não é preciso temer a vida, já que ela mesma lhe deu ossos que conseguem suportar os baques do mundo. Ele, da redoma, a incentiva, dizendo que, como o cavalo que se lança em meio ao diferente galope das bicicletas é preciso agir sem medo e na hora exata. Amélie, então, arrisca-se e atravessa o portal. O caminho percorrido por Amélie se completa e o amor se torna a grande recompensa do aprendizado.

Nós a acompanhamos por todo esse trajeto. Amélie sai em busca da criança que um dia cresceu e sepultou os restos de sua infância no piso do banheiro. Pelo caminho, à procura de Bretodeau, encontrou personagens que lhe foram enviados no alvorecer da mudança de seu destino. Para descobrir quem era o dono da caixa de metal, era preciso seguir as pistas e reconhecer as preciosidades do trajeto. Pôde conhecer vários mundos, algumas histórias, diferentes pessoas e seus objetos sagrados. Os talismãs, elementos fundamentais para sua travessia, são colocados em ação, falam por eles próprios, formam-se, transformam-se e refratam em mil significados preciosos.

Com ela, olhamos para os nossos próprios significados e enxergamos estatuetas em formatos de anão, dessas cimentadas, pequenas e vivas, em nossos jardins, nossas pequenas caixas de metal, nossos pequenos presépios íntimos que narram histórias fabulosas. Compreendemos como ninguém o significado mágico dessas imagens e a influência que estas têm sobre nossa forma de agir no mundo. Na longa trajetória que percorremos nos caminhos e descaminhos de nós mesmos, é preciso ver através da transparência sincera e frágil do vidro, como se fôssemos também "Homens de Vidro". Reluzindo em mil cores, chegamos ao fim do caminho, que apenas se inicia, permitindo que nossos talismãs sagrados ajam não só *por* nós, mas *em* nós.

Bibliografia

AQUINO, Júlio Groppa. "Introdução". In: LEWIS, Michael. *Alterando o destino*: por que o passado não prediz o futuro. São Paulo: Moderna, 1999.

CAMPBELL, Joseph. *As transformações do mito através do tempo*. São Paulo: Cultrix, 1992.

_______. *O herói de mil faces*. São Paulo: Cultrix, 1995.

CHEVALIER, Jean. *Dicionário de símbolos*. Rio de Janeiro: José Olympio, 2003.

JUNG, Carl Gustav. *O homem e seus símbolos*. Rio de Janeiro: Nova Fronteira, 2002.

MIRANDA, Carlos Eduardo Albuquerque. *A educação da face*: o cinema e as expressões da paixão. Tese (Doutorado em Educação) – Faculdade de Educação, Universidade Estadual de Campinas, Campinas, 2000.

URBAN, Paulo. Talismãs. *Revista Planeta*, São Paulo, Ed. Três, n. 368, maio 2003.

YATES, Frances. *El arte de la memoria*. Madrid: Siruela, 2005.

Filmografia

O FABULOSO DESTINO DE AMÉLIE POULAIN. Direção: Jean-Pierre Jeunet. França: Claudie Ossard Productions, 2001.

A educação e as imagens dos mitos políticos: (des)mitificação de *Ernesto Che Guevara* em uma narrativa não linear

Tatiana Amaral[1]

> Ao longo de séculos de pensamento cristão duas tradições contrárias de interpretação disputaram a interpretação de símbolos. A primeira pode chamar de histórica ou prosaica, na qual se entende que as imagens se referem aos eventos históricos; a segunda, de experimental, psicológica ou poética, e ela se refere não ao que era, uma vez, mas ao que é, agora e para sempre; não a qualquer segmento da fenomenalidade, presente ou passada, mas ao interior, aos estados experimentados e possíveis e às crises da consciência, à iluminação e à desilusão. (CAMPBELL, 1994)

Começo este diálogo com uma citação de Campbell que traduz a maneira que tratei a imagem mítica de Ernesto Che Guevara; ou seja, de maneira poética e em concordância com as interpretações das tra-

1 Graduação: Laboratório de Estudos Audiovisuais OLHO, Faculdade de Educação--Unicamp. tati_jl@hotmail.com

dições mitológicas da humanidade. Não nos interessa aqui, pois, saber quem foi Guevara, e sim entender o que é ele atualmente como mito, como imagem.

Que mito é esse que se oculta em uma imagem, imagem que diz tanto sobre nós mesmos, sobre a humanidade? Que imagem é essa que nos toca a alma, pelo o que está oculto e não pelo o que brilha?

Campbell nos diz que o termo hindu para ilusão – *mãyã* – refere-se ao poder que tanto cria uma ilusão como a falsa projeção em si. *Mãyã*, diz-se, tem três poderes, destaco dois: o Poder de Ocultamento, que esconde ou dissimula o real, a característica intrínseca e essencial das coisas; de maneira que, como podemos ler num texto sagrado sânscrito citado por Campbell (1994): "Apesar de estar oculto em todas as coisas, o Eu não brilha". O outro é o Poder de Projeção, que emite impressões e ideias ilusórias, com desejos e aversões associados – como poderia acontecer se, por exemplo, numa noite uma pessoa confundisse uma corda com uma cobra e se assustasse. Depois que a ignorância (o poder de Ocultamento) encobriu o real, a imaginação (o Poder de Projeção) desencadeia os fenômenos.

Podemos dizer então que, de acordo com Campbell (1994), "esse poder de projeção cria todas as aparências, quer seja dos deuses quer do cosmo". A projeção do mito do herói, "brinca" com esse poder, trabalhando nossa imaginação e nossas memórias mais primitivas, despertando sensações inexplicáveis à lógica linear.

Pretendi com este trabalho mergulhar nessas sensações, em busca de suas raízes. Para tanto, usei a imagem da foto de Ernesto Guevara, tirada por Alberto Korda, e a projeção que Walter Salles criou de Che em *Diários de Motocicleta*.

Cinema: O olhar do diretor

Ao realizar uma obra cinematográfica o diretor faz uma escolha estética, e assim, política ideológica; e por uma síntese de planos sequenciais narra por meio de imagens e sons sua versão da história.

Ao entrar no cinema para assistir a *Diários de Motocicleta* deparamos com um herói salvador[2] que inicia uma jornada predeterminada, constituída de sacrifícios, proezas e entregas, resultando, ao fim, em uma transformação de consciência. As imagens foram escolhidas para esse escopo, suscitar o mito do herói em nossa memória.

De acordo com Campbell, o heroísmo, é predeterminado, faz parte da jornada, do destino que deve seguir o herói. No filme de Walter Salles as imagens que vão sendo apresentadas nos conduzem exatamente ao inatismo heroico de Ernesto Che Guevara que estava presente de forma ainda embrionária nesse mito e foi se desenvolvendo ao longo da viagem.

Diários de Motocicleta rememora o mito político revolucionário de Ernesto Che Guevara, o jovem que viaja ao lado do amigo Alberto Granado e o qual se transformará em herói. Temos, então, o presente, nos remetendo a um passado; no entanto, esse passado ainda não ocorreu no filme, está no futuro do personagem que acompanhamos. Entramos no cinema conhecendo o futuro do personagem em questão e durante a projeção, pelas imagens, esse futuro é chamado, enfatizando, a força do destino na vida desse herói.

No início do filme Alberto Granado e Ernesto Guevara estão em um bar conversando sobre os preparativos de uma viagem. Vendo, ao fundo, um homem cochilando sobre um jornal e uma xícara de café, Granado pergunta a Guevara:

– *Você não vai querer terminar sua vida assim?*

Logo em seguida o próprio Granado responde:

– *Não vai querer terminar sua vida assim.*[3]

---

[2] Apropriamo-nos do mito do herói salvador no sentido que Raoul Girardet trabalha em seu livro *Mitos e mitologias políticas*; bem como no sentido dado por Joseph Campbell ao mito do herói no livro *O poder do mito*.

[3] DIÁRIOS DE MOTOCICLETA, Parte 1, 0:3:34.

Nossa memória age, e a imagem que temos é da trágica morte de Che Guevara depois de dedicar sua vida a uma causa, e inevitavelmente a retomamos.

Mais imagens do futuro pretérito aparecem na despedida dos jovens, quando Alberto pergunta ao tio de Ernesto:

– *Para quando é a revolução, tio? Aqui? Só daqui um século.*

E Granado responde:

– *Temos de aprender com os russos.*[4]

A sequência traz à nossa imaginação a Revolução Cubana, que fez de Ernesto Guevara um ícone e que transformou Cuba em parceira da Rússia. Lembramos muito nitidamente o herói revolucionário que "pegou em armas" por uma causa.

Mais adiante, no filme, na sequência em Machu Picchu é interessante perceber como a imagem aparece com intensidade muito forte por meio de apenas uma frase do personagem de Ernesto Guevara, quando Alberto devaneia sobre a possibilidade de uma revolução indígena naquele país.

Vejamos o diálogo iniciado por Granado:

– *Tive uma ideia. Vou me casar com uma descendente inca. Fundaríamos um partido indígena, certo? Incitaríamos todos a votar. Retomaríamos a revolução de Tupac Amaro, a revolução índio americana. O que acha?*

E Guevara de imediato e de maneira "natural" responde:

– *Uma revolução sem tiros? Está louco?* [5]

---

[4] Idem, Parte 2, 0:4:46.

[5] Idem, Parte 8, 1:5:25.

Assim, Walter Salles ajuda-nos a compreendermos como age uma imagem, embora a proposta inicial do diretor e do roteirista tivesse sido de não confundir o jovem com a imagem do mito, como eles mesmo afirmaram na página do filme na internet:

> José Rivera (roteirista) estava consciente de que o jovem nunca fosse confundido com a imagem do mito. José se interessou mais em revelar o lado humano destes dois personagens únicos. Ele tentou olhar para estes jovens como eles deveriam ser naquele momento.[6]

Por meio das imagens presentes em nossa memória e também de nosso conhecimento prévio tornou-se impossível separar o jovem Ernesto, projetado por Salles, do mito Che Guevara. Poderíamos dizer que o que vemos nas imagens do filme *Diários de Motocicleta* é um pré-Che. Um herói se descobrindo como herói, fazendo escolhas, traçando sua causa, mas ainda assim um herói.

O filme conta uma história que pode ser elucidada pelas palavras de Campbell sobre o esforço essencial do herói:

> (Um homem) que deixa o mundo onde está e se encaminha em direção de algo mais profundo, mais distante ou mais alto. Então atinge aquilo que faltava à sua consciência, no mundo anteriormente habitado (...). (CAMPBELL, 1994, p. 137)

O personagem se lança à aventura na qual enfrentará desafios físicos e psicológicos, estando, inclusive, se defrontando constantemente com sua limitação física, tendo de superá-la para concluir essa etapa de sua saga e transformar-se.

Amplamente explorado, os sacrifícios físicos do personagem são usados de modo a dar maior densidade às ações típicas de um herói e mostrar o quanto seu destino estava traçado desde seu surgimento na terra.

No decorrer da viagem, vemos constantemente a superação de Ernesto a essa limitação; entretanto, mais nitidamente quando Granado, diante de um lago, atira e acerta um pato, que seria o alimento da

---

[6] Disponível em: <http://www.filmes.net/diariosdemotocicleta>. Acesso em: 25 maio 2006.

dupla naquele dia, cabe a Ernesto entrar na gelada água para pegá-lo. Inicia-se um diálogo em que, em meio a provocações, Granado diz que se Ernesto não pode ir ele irá.

Essas palavras convencem Ernesto a entrar na fria água do lago, ele enfrenta seu limite, recolhe o pato, mas fica doente. Na sequência Granado come enquanto Ernesto sofre com a doença que se estenderá tornando-se muito séria.

Aqui é importante também mostrar a intencionalidade do diretor ao contar a história. Comparando esse episódio na forma como é contado no diário de Che Guevara – que com o diário de viagem de Alberto Granado deram origem ao filme – constatamos que em relação ao ocorrido em Carrué Grande o diário dá menos à dramaticidade do fato do que retratado no filme. Inclusive a doença que deixou Guevara de cama por alguns dias ocorreu antes do episódio do lago.

Walter Salles optou por tornar o episódio muito mais heroico do que o relato do diário, condensou fatos para mostrar que estamos diante do herói. Sacrificando-se e superando-se quando desafiado. As imagens nos deixam entrever a escolha do diretor em contar a saga de um mito.

Os sacrifícios que um herói deve enfrentar não se limitam a sacrifícios físicos, pelo contrário, os emocionais também existem e são muitos; para levá-lo à elevação de consciência, à mudança de pensamento. Vejamos como foi abordada pelo diretor a transformação de consciência enfrentada pelo personagem que vai se alterando a cada superação.

A saga do herói

Quem sai de Buenos Aires, ao lado de um amigo, é um jovem estudante de medicina que vive sob a proteção de sua família e busca uma aventura. De maneira ainda inconsciente, Ernesto Guevara, abandona sua vida para mergulhar no desconhecido que o transformará profundamente, alterando sua consciência, mostrando-lhe uma nova forma de vida que o guiará até seu destino heroico. Volto a buscar nas palavras de Campbell elucidação para a jornada do herói:

> Existem heróis de duas espécies, alguns escolhem realizar certa empreitada, outros não... existem aventuras às quais você é lançado... Não era sua intenção, mas de repente você se vê ali. Você enfrentou a morte e a ressurreição, vestiu um uniforme e se tornou outra criatura. Uma figura de herói que aparece com frequência nos mitos célticos é a do príncipe caçador, que foi atraído pela astúcia do cervo a um canto da floresta onde nunca havia estado antes. O animal passa então por uma transformação, tornando-se a Rainha da Colina das Fadas, ou algo parecido. É o tipo de aventura em que o herói não tem ideia do que está fazendo, mas de repente se surpreende num mundo transformado... Ele está pronto para enfrentar a situação. Nessas histórias, a aventura para a qual o herói está pronto é aquela que ele de fato realiza. A aventura é simbolicamente uma manifestação do seu caráter. Até a paisagem e as condições ambientes se harmonizam com sua presteza. (CAMPBELL, op. cit., p. 137-138)

Ernesto e Alberto deixam para trás todo um estilo de vida, família, conforto, namorada para aventurarem-se. Saem de Buenos Aires como dois cavaleiros que têm como cavalo a Norton 500, carinhosamente apelidada por "Lá Poderosa", a fala de Granado manifesta o caráter cavalheiresco da viagem iniciada pela dupla:

–... assim como D. Quixote tinha Rocinante, San Martin tinha sua mula, nós temos "La Poderosa".[7]

Partem para a aventura, ainda com certo *status*, condição dada pela motocicleta, porém já se confrontando com a luta pela sobrevivência, marcada pela incessante busca dos jovens por abrigo e comida, condição material básica para a vida. Durante os sacrifícios a que são submetidos começa a emergir na tela o caráter do herói, em oposição ao caráter humano de seu companheiro, Alberto Granado.

O herói enfrenta os desafios e as condições de vida que vão surgindo durante o caminho e obriga-os a se despirem da condição cava-

[7] DIÁRIOS DE MOTOCICLETA, Título 1, Parte 2, 0:5:36.

lheiresca para reconhecerem-se como proletários. A América Latina, até então uma desconhecida, segundo palavras do próprio Guevara, vai sendo descoberta e desse mergulho ao desconhecido a consciência do herói se transformará. A luta pela sobrevivência altera a visão de mundo do jovem herói e o obriga a escolher a quem e a que ele dedicará sua saga.

A viagem, ou melhor, a jornada tem um divisor quando os jovens perdem a moto que os difere, até então, dos demais andarilhos. Temos uma transformação no tom do filme, a busca por aventuras e sobrevivência se altera para uma busca interior. Os personagens não procuram mais comida e abrigo, condições materiais, e sim uma transformação de si mesmos, se indignam com o que vêm e se posicionam. O herói está brotando.

Nesse momento do filme, a perda da moto e o rompimento do namoro, são símbolos que ilustram o cumprimento de uma etapa da saga pelo herói, os laços que ainda o unia ao modo de vida que levava em Buenos Aires não existem mais.

Um novo homem surge quando Ernesto, calado, olha a imensidão do mar. Como se tocado por uma inspiração divina, muda sua vida, suas atitudes, postura; levanta-se, caminha até Granado e pergunta se ele está pronto, no entanto, quem está pronto para seguir sua jornada, cumprir seu destino é o próprio Ernesto. Como vemos no desenrolar da narrativa.

A partir desse momento fica muito clara a distinção entre o humano, figura de Alberto Granado e o herói, figura de Ernesto Guevara, os personagens passaram de "cavaleiros" a andarilhos e o fato de caminharem entre o povo os faz entrarem profundamente em contato com a luta comum aos trabalhadores, nesses encontros o herói começa aflorar de maneira mais intensa. Podemos perceber as transformações, a começar pela relação entre os viajantes. Granado torna-se seguidor de Ernesto, que tem agora o olhar fixo para o futuro, andando sempre em frente, sua postura muda, passos firmes, peito aberto disposto a enfrentar o que for preciso para cumprir seu destino. Sai em caminhada ouvindo as lamentações de seu povo (ou o que julga sê-lo), sofrendo com ele as injustiças e as humilhações a que são submetidos.

O episódio dos mineiros no deserto elucida bem esse momento. Os jovens viajantes encontram um casal de comunistas que andam pelo deserto em busca de trabalho. Guevara fica tocado com a história dos dois e entrega-lhes o dinheiro de Chinchina (até então, intocável). Dias depois declara sua mãe, por carta, ter sido essa a noite mais fria de sua vida, mas que, no entanto, nunca antes havia se sentido tão perto da humanidade. O herói tem uma causa, um povo a salvar, a defender, a se sacrificar, cumpriu mais uma etapa de sua iniciação.

Quando chegam ao leprosário, Ernesto é outro homem, a barba por fazer (imagem agindo como agente para que reconheçamos o Che guardado em nossa memória), subvertendo as ordens, exatamente como deve agir um herói revolucionário. Durante o percurso que realizou sua consciência e suas emoções foram alteradas pelas experiências que ele viveu. O herói, até então embrionário, se desenvolveu, foi tocado, já escolheu uma causa, o ritual de iniciação está quase completo, para tanto, falta testar sua coragem, pois, como bem nos fala André Comte-Sponville (1995) "a coragem é a virtude dos heróis". Sendo assim, o ápice da narrativa se dá quando a personagem, que como já sabemos sofre com fortes crises de asma, atravessa, à noite, a nado, um rio.

Continuando a citar Sponville temos que *"a coragem só pode ser considerada uma virtude quando colocada a serviço de outrem ou de uma causa geral e generosa"*. Caso contrário, ela é apenas um traço psicológico, uma pequena sensibilidade ao medo que nada tem a ver com virtude. No caso do herói estudado sabemos que desde sua chegada ao leprosário a divisão que há entre os doentes e os sadios o incomoda. Sendo assim, durante a comemoração de seu aniversário, que ocorre do lado "sadio" da ilha, após proferir um discurso sobre a união de todos os povos da América Latina em uma só grande raça mestiça, causa que Che Guevara defenderá até sua morte, Ernesto abre mão da festa, do conforto em que está instalado para ficar entre os "doentes" arriscando-se numa façanha, até então, nunca antes realizada.

Agora o herói está pronto. Escolheu um lado, o lado dos "doentes", dos injustiçados, dos oprimidos, dos que se sacrificam todos os dias em busca de dignidade. Atira-se no rio que é o ideal para o qual dedicará heroicamente sua vida. Nesse momento ocorre a grande ruptura, ele deixa para trás tudo o que tinha até então em busca, não de uma satisfação pessoal, como no início da viagem, mas em nome de uma causa. O herói completou seu rito de iniciação e completará sua saga. Não tem mais interesses próprios, dedicando sua vida a serviço de outrem.

Interessante observarmos o quanto simbólico é a imagem escolhida por Walter Salles para simbolizar o rito de iniciação do herói:

> Metaforicamente, a água é o inconsciente, e a criatura na água é a vida ou a energia do inconsciente, que dominou a personalidade consciente e precisa ser desempossada, superada e controlada. No primeiro estágio dessa espécie de aventura, o herói abandona o ambiente familiar, sobre o qual tem algum controle, e chega a um limiar, a margem de um lago, ou do mar, digamos, aonde um monstro do abismo vem ao seu encontro... A personalidade consciente entra em contato com uma carga de energia inconsciente que ela não é capaz de controlar, precisando passar por toda uma série de provações e revelações de uma jornada de terror no mar noturno, enquanto aprende a lidar com esse poder sombrio, para finalmente emergir, rumo a uma nova vida. (CAMPBELL, 1994, p. 155)

O outro lado do rio foi a escolha feita por Guevara, sua consciência se modificou; o homem que saiu de Buenos Aires em busca de aventura não existe mais. O jovem Ernesto mergulha em uma margem do rio e quem ressurge do outro lado é o mito Che Guevara, eternizado pelo retrato de Alberto Korda.

Domínio Público

O símbolo do herói

No fim de março de 1960, já em Cuba, durante o velório das vítimas de um atentado que matou 180 cubanos, a foto símbolo do herói, Che Guevara, surgiu.

Tirada pelo cubano Alberto Korda (fotógrafo pessoal de Fidel Castro) a célebre foto se tornou um dos retratos mais reproduzidos do mundo. Che Guevara, Jean-Paul Sartre e Simone de Beauvoir ouviam a um discurso violento de Fidel, que atribuía o atentado à CIA. O retrato foi feito em duas tomadas uma vertical e outra na horizontal.

Nenhuma das fotos foi selecionada pela redação do jornal *Revolución*, ficando guardada no estúdio até 1967 quando o editor italiano Giangiacomo Feltrinelli, apresenta-se a Korda com uma carta de recomendação da revolucionária Haydée Santamaría e sai presenteado com duas cópias da foto.

Após a morte de Che, Fidel Castro manda a Feltrinelli o diário da Bolívia para ser publicado, os ganhos devem ser revertidos a movimentos revolucionários da América Latina, o editor aproveita a oportunidade e imprime pôsteres com a foto de Korda, sem fazer qualquer menção a autoria. A foto torna-se mundialmente conhecida e reproduzida sem que Korda recebesse um centavo.

No entanto, a imagem mundialmente conhecida, símbolo do herói, não é exatamente a fotografia de Korda, o artista irlandês Jim Fitzpatrick, especialista em mitologia irlandesa, alterou os olhos do mito, desenhou-os olhando a distância, o que causou um significado heroico ao desenho. Enquanto o original de Alberto Korda mostra um Che Guevara humano, frágil e com uma falha: o olhar preocupado.

A imagem mais usada é um desenho em alto contraste, reproduzida em vermelho e preto, outras em preto e branco e algumas em preto e branco com uma estrela vermelha. Refletindo sobre a expansão dessa imagem em contraste deparo com as palavras de Milton José de Almeida, que nos propõe a semelhança entre a vida noturna nas cidades e o cinema:

> *As luzes que se acendem na noite urbana não são extensões luminosas da vida solar diurna. São focos, fogos extraídos da própria noite que iluminam momentos do espaço que aí aparecem quando a alma solar abandona a cidade. A imagem da cidade à noite é uma mancha escura penetrável somente pela memória da experiência diurna e pelas projeções da nossa noite interior.* (ALMEIDA apud OLIVEIRA JUNIOR, 2000, p. 9)

Penso nessa semelhança, mesmo tendo sido proposta para o cinema, para o retrato transformado onde somente os pontos capazes de nos aproximar de nossa "*noite interior – composta de fantasias, lembranças mitos, recalques que não se permitem expor totalmente sob a luz da clareza racional*"[8] aparecem criando um "jogo" esconde/destaca. As alegorias que compõem o desenho são como focos de luzes na escuridão, capazes de transformar a imagem em um símbolo.

Domínio Público

[8] OLIVEIRA JUNIOR, 2000.

Os símbolos e a alma

Antes de tudo, devo esclarecer que quando me disponho a falar de alma entendo-a no sentido dado por James Hillman em *Psicologia arquetípica* em que o autor escreve:

> [a] alma entendo, antes de qualquer coisa, uma perspectiva mais do que uma substância, um ponto de vista sobre as coisas mais do que a coisa em si... é um conceito deliberadamente ambíguo que resiste a toda definição... não somos capazes de usar a palavra de maneira não ambígua, mesmo que usemos o termo para nos referir aquele fator humano desconhecido que torna possível o significado, que transforma eventos em experiências e que é comunicado no amor... por "alma" entendo a possibilidade imaginativa em nossa natureza, o experimentar através da especulação reflexiva, de sonho, imagem e fantasia – aquele modo que reconhece todas as realidades como primariamente simbólicas ou metafóricas. (HILLMAN, 1983, p. 40-41)

Dada essa forma de entender a alma, pensemos nos símbolos de um mito. O mito é capaz de dar significado a vida dos homens, e para criar esse significado, são compostos por símbolos que estão presentes na narrativa mitológica, no entanto, os símbolos não foram conscientemente criados e sendo assim não podem ser explicados com base na razão, mas, sentidos pelas emoções, pela alma. Sendo assim, os símbolos apresentam-se como um grande problema para o pensamento racional, uma vez que não podem ser explicados em termos intelectuais na mesma medida que não podem ser negados.

Refletir sobre os símbolos é trabalhar com imaginação e intuição, pois "mexem" com as imagens mais primitivas que trazemos em nosso inconsciente. Segundo Jung (1996), os símbolos culturais são aqueles que foram usados para expressarem "verdades eternas", ou seja, passaram por um período de elaboração de certa forma consciente e tornaram-se imagens coletivas aceitas pelas sociedades civilizadas. Continuando a me valer dos escritos de Jung, vemos que esses símbolos culturais evocam reações emotivas profundas nas pessoas. Essas reações são manifestações da alma.

De acordo com James Hillman (1983), o mundo é almado, isto é, os objetos, as imagens nos tocam e nos remetem algo pela nossa imaginação e por nossa memória. O que nos chama atenção nos atrai, ganha vida, torna-se animado por nossas projeções, sendo assim, a nossa alma e a alma do mundo, ou *anima mundi*, se tornam uma só.

Leiamos Hillman:

> imaginemos a "anima mundi" como aquele lampejo de alma especial, aquela imagem seminal que se apresenta por meio de cada coisa em sua forma visível. Então, a "anima mundi" aponta possibilidades animadas oferecidas em cada evento como ele é, sua apresentação sensorial como um rosto revelando sua imagem interior – em resumo, sua disponibilidade para a imaginação, sua presença como uma realidade psíquica. Não apenas animais e plantas são almados como na visão romântica, mas a alma que é dada em cada coisa, às coisas da natureza dadas por Deus e às coisas da rua feitas pelo homem. O mundo se revela em formatos, cores, atmosferas, texturas – uma exposição de formas que, se autoapresentam. Todas as coisas exibem rostos, o mundo não é apenas uma assinatura codificada para ser decifrada em busca do significado, mas uma fisionomia para ser encarada. Como formas expressivas, as coisas falam: mostram as configurações que assumem. Elas se anunciam, atestam sua presença: "Olhem, estamos aqui". Elas nos observam independente do modo como as observamos, independente de nossas perspectivas, do que pretendemos com elas e como as utilizamos. Essa exigência imaginativa de atenção indica um mundo almado. Mais – nosso reconhecimento imaginativo, o ato infantil de imaginar o mundo, anima o mundo e o devolve à alma. Então percebemos que o que a psicologia determinou chamar 'projeção' é simplesmente animação, à medida que esta ou aquela coisa ganha vida, chama nossa atenção, atrai-nos. No entanto, essa súbita iluminação do objeto não depende de sua parte formal e estética que o faz "belo", mas sim dos movimentos da "anima mundi" animando suas imagens afetando nossa imaginação. A alma do objeto corresponde ou une-se a nossa. (HILLMAN, 1983, p.14-15)

As imagens simbólicas são capazes de criar outras imagens na alma, suscitar a imaginação para recriar sensações, não nos cabe entendê-las, historiá-las e sim senti-las, experimentá-las, pois especialmente falando do retrato de Che Guevara, temos uma imagem que se tornou um símbolo universal. Nesse caso, usamos o termo universal como adjetivo que denota um valor essencial e duradouro, dando à imagem uma importância transempírica e coletiva.

Olhamos para ela e saímos do pensamento linear, racional para nos deixarmos envolver, daí sua permanência. Permanência da imagem não do homem que a compõe, pois, por ser universal essa imagem não representa um rosto, um nome, um ser, ela se despersonaliza para ser tomada por alma. Tornando-se almada torna-se também geradora, vemos por meio dela, somos afetadas por ela, imaginamos, criamos outras imagens.

Buscar explicações racionais para esse fenômeno, seria desalmá-lo, a explicação não alcançaria o sentimento que ela expressa, não afetaria como a imagem afeta. Não seria profundo o suficiente. Não cabe, a partir do momento que a imagem torna-se um símbolo, narrá-la, visto que fala a alma imaginativa.

Hilmann nos explica como se dá o trabalho com as imagens simbólicas, vejamos:

> O trabalho com imagens restaura o sentido poético original das mesmas, libertando-as de servir a um contexto narrativo, tendo que contar uma história com suas implicações lineares, sequenciais e causais que favorecem depoimentos, na primeira pessoa, das ações e intenções egocêntricas de um sujeito personalista. (HILMANN, op. cit., p. 38)

É nesse sentido que olhamos para a imagem de Che Guevara no retrato e para sua imagem fílmica em *Diários de Motocicleta*. Enquanto o Che da foto cativa e tem alma, encontramos no filme um Che desalmado.

Podemos entendê-lo como a representação fílmica do caminho do mito. Contado em prosa e linearmente, acionando nosso pensamento racional, a fim de que didaticamente aprendamos sua saga.

Leiamos Tarkovsky:

> A forma exageradamente correta de ligar os acontecimentos geralmente faz com que os mesmos sejam forçados a se ajustar arbitrariamente a uma sequência, obedecendo a uma determinada noção abstrata de ordem. E, mesmo quando isso não acontece, mesmo quando o enredo é determinado pelos personagens, constata-se que a lógica das ligações fundamenta-se numa interpretação simplista da complexidade da existência... A origem e o desenvolvimento do pensamento estão sujeitos a leis próprias e às vezes exigem formas de expressão muito diferentes dos padrões de especulações lógicas. (TARKOVSKY, 1990, p.17)

A partir do momento em que nos ensinou a trajetória do herói de maneira tão linear e racional, tratando o caráter heroico como destino, nos afastou do personagem. Podemos admirá-lo, mas não somos tocados, pois não nos vemos através dele. Didatizar sua história o desumaniza, pois, ele é o herói, visto que ele nasceu com esse "dom"; nós somos somente espectadores de sua saga. Seus admiradores.

O caráter divino dado ao personagem de Che Guevara conduz a nos identificarmos com o personagem de Alberto Granado, ele é o humano da história (erra, mente, se diverte, chora), e transformá-lo, durante o desenvolvimento da narrativa em mero seguidor do herói deixa claro o nosso papel: observar, seguir, admirar nunca imitar, não se deve tentar ser como Che Guevara.

Como Granado, no fim do filme segue sua vida à margem da do herói, apesar de admirá-lo profundamente, assim também nós devemos fazer, ou seja, admirar Che Guevara, mas nunca agir como ele. Temos uma vida comum a seguir, os sacrifícios em nome de uma causa, a doação em nome dessa causa deixamos para os heróis.

A obra cinematográfica e fotográfica que originaram esse texto são duas expressões artísticas destinadas e ajustadas à cultura de massas tendo em comum a capacidade de reforçar o mito político de Ernesto Che Guevara. No entanto, enquanto *Diários de Motocicleta* nos ensina uma jornada do mito destacando-lhe o heroísmo inato, a fotografia de Alberto Korda é o símbolo do herói, que, devido às suas alegorias, suscita a imaginação mediante significados metafóricos presentes e permite a saída da compreensão literal para uma apreciação mítica.

Bibliografia

CAMPBELL, Joseph. *O poder do mito*. Campinas: Papirus, 1994.

LOVINY, Christophe; SILVESTRI-LÉVY, Alessandra. *Cuba por Korda*. São Paulo: Cosac Naify, 2004.

COMTE-SPONVILLE, André. *Pequeno tratado das grandes virtudes*. São Paulo: Martins Fontes, 1995.

GIRARDET, Raoul. *Mitos e mitologias políticas*. São Paulo: Companhia das Letras, 1987.

GUEVARA, Ernesto Che. *De moto pela América do Sul*: diário de viagem. São Paulo: Sá, 2003.

HILLMAN, James. *Psicologia arquetípica*. São Paulo: Pensamento-Cultrix, 1983.

_______. *Cidade e alma*. Rio de Janeiro: Record, 1999.

JUNG, Carl Gustav. *O homem e seus símbolos*. Rio de Janeiro: Nova Fronteira, 1996.

MIRANDA, Carlos Eduardo Albuquerque. A fisiognomonia de Charles Le Brun – a educação da face e a educação do olhar. *Pro-Posições*, Campinas, v. 16, n. 2(47), maio/ago. 2005.

OLIVEIRA JUNIOR, Wenceslão Machado de. *Chuva de cinema*: natureza e cultura urbanas. Tese (Doutorado em Educação) – Faculdade de Educação, Universidade Estadual de Campinas, São Paulo, 2000.

TARKOVSKY, Andrei. *Esculpir o tempo*. São Paulo: Martins Fontes, 1990.

Filmografia

DIÁRIOS DE MOTOCICLETA. Direção: Walter Salles. Estados Unidos/Alemanha/Reino Unido/Argentina/Chile/Peru: Southfork Pictures, 2004.

A Hora do Show: *o cinema de Spike Lee e o negro estadunidense*

Rogério Ferreira Antunes[1]

> Não posso me comportar como a sociedade espera que eu me comporte. Quero ter o direito de dançar e sambar quando eu quiser. Não posso ser o macaquinho do realejo impunemente. Poderei ser o macaquinho, mas quando eu quiser, não como resposta a essa necessidade que a sociedade tem de ver em mim o macaquinho do realejo. (Milton Gonçalves em entrevista à *Folha de S.Paulo*)

Pierre Delacroix é o roteirista de uma rede de TV que passa por sérios problemas: concorrência, TV a cabo, jogos eletrônicos, videogame e internet são os motivos da queda de audiência. Pressionado por seu chefe a criar um programa de sucesso, o roteirista recria os antigos shows de menestréis. Estes shows, surgidos por volta de 1840 nos Estados Unidos, eram um misto de dança, teatro, circo, piada,

1 Graduação: Laboratório de Estudos Audiovisuais OLHO, Faculdade de Educação--Unicamp. rogerfas@yahoo.com.br

malabarismo e sapateado em que atores brancos e negros pintavam o rosto de preto e a boca de batom vermelho fazendo uma caricatura do negro e de seu modo de vida. Delacroix contrata dois artistas de rua, um ator e um bailarino de sapateado, ambos negros, para serem os protagonistas. De início, o roteirista não tem esperanças de que o programa seja aceito devido à sua natureza preconceituosa. No entanto, para sua surpresa, o programa é aceito com entusiasmo pelos donos da rede de TV, todos brancos.

Os primeiros programas-piloto são rodados e apresentados a uma plateia que serve de amostra do público que assiste à TV. As primeiras sensações de incômodo são substituídas pelo riso que emerge das figuras engraçadas: negros pintados de negros. *Mantan – o show do menestrel do novo milênio*, programa assim intitulado, é um sucesso estrondoso de público e de crítica. Pierre Delacroix fica famoso. A emissora atrai anunciantes que pagam fortunas para vender seus produtos à "população afro-americana": bebida alcoólica, roupas esportivas, produtos eróticos, música de baixa qualidade. Entretanto, o programa não agrada a uma parcela da comunidade afro-americana que se sente desrespeitada pela emissora ao tratar os negros como brinquedo de diversão para a sociedade americana. Protestos de líderes religiosos, intelectuais, militantes, artistas e jovens rappers radicais geram um amplo debate sobre o racismo contemporâneo. O fim é surpreendente e sombrio.

No filme *A Hora do Show*, Spike Lee tem um propósito. Em vez de abordar o racismo e o preconceito de maneira direta, como gostam de dizer seus críticos, ele o faz pelo humor, mas não o humor do negro que humoriza, mediante piadas, anedotas e tipos, sua própria condição social. Spike Lee aponta para uma dimensão do humor sarcástico, satírico, ácido, como um recurso para a crítica social. Colocando o humor de maneira nua e jogando o jogo dos seus algozes, abre uma espécie de "caixa de pandora", mostrando o que a sociedade branca espera de um programa desses – o negro como macaco de diversão – o diretor tem uma percepção das raízes do mundo em que vive e em que vivemos.

A função do riso

O motivo do riso pode ser uma piada, um tombo, um filme de comédia, uma roupa engraçada etc. O senso comum, ao ver uma pessoa rir de um desses motivos, pensa que ela se encontra muito emocionada, tão emocionada que não se aguenta que transborda de tanta emoção e ri. Ao ver alguém rindo pensamos que essa pessoa é até muito pacífica, despreocupada, e ri levando a vida sem grandes problemas. Mas essa visão é aquela que nos aparece de modo evidente e a evidência é apenas a naturalização de relações históricas que não aparecem como tais, elas por vezes sedimentam esse complexo emaranhado de relações históricas.

O riso, conforme apregoa Bergson (1993, p. 19), tem como seu ambiente natural a indiferença. Em sua ótica, em seu momento histórico, a insensibilidade acompanharia o riso de mãos dadas. Portanto, ninguém jamais riria de uma pessoa que inspirasse piedade ou carinho, e mesmo quando assim agisse, a piedade e o carinho estariam momentaneamente suspensos:

> Uma sociedade de puras inteligências talvez já não chorasse, mas rir provavelmente ainda riria; ao passo que almas sempre igualmente sensíveis (...) não conheceriam nem compreenderiam o riso... O cômico exige, pois, finalmente, para produzir todo o seu efeito, qualquer coisa como uma anestesia momentânea do coração. Dirige-se à inteligência pura. (BERGSON, 1993, p. 19)

Mas que inteligência é essa a que o riso se dirige? É preciso falar em inteligências, no plural, pois o riso, como diz Bergson, tem necessidade de um eco. E o eco a que se refere não é algo apenas metafórico. É o eco da sociedade, o meio natural do riso. Só se pode rir porque há outros que assim o fazem; ninguém ri sozinho de outra pessoa, pois se assim o fizesse estaria sendo imprudente.

Isso é nítido no filme de Spike Lee. Quando as primeiras gravações do programa – *Mantan – o novo show do menestrel do novo milênio* – é apresentada ao público, a câmera do diretor se volta para a plateia: qual a reação do público?

Spike Lee mostra primeiro o incômodo e um mal-estar de uma parcela do público com aquelas imagens, dois atores negros pintados de negros. Uma caricatura. Uma mulher branca olha discretamente para o lado com a intenção de ver a reação de seu companheiro, um jovem negro. Este, como a maioria dos negros, acha graça no que estão vendo. Os brancos da plateia, percebendo a reação de riso dos negros da plateia, se sentem autorizados e à vontade para rir também, afinal, eles próprios não estão rindo de si mesmos em nossa presença?

Mas o riso do negro na plateia que ri de si mesmo tem uma ambiguidade e, portanto, pode ser interpretado de duas maneiras, uma não aniquilando a outra. Primeiro, é próprio de qualquer grupo social – étnico, profissional, religioso etc. – rir de si mesmo enquanto estão reunidos. O momento da sociabilidade é justamente o momento da suspensão das hierarquias nos espaços formais de nosso cotidiano. Não há uma profissão que não tenha um conjunto de anedotas sempre repetidas nas reuniões e/ou encontros anuais de suas associações. Assim é que uma piada de negro contada por um negro entre os negros não soa como racismo, mas como troça permitida no momento, e apenas no momento, da sociabilidade. Isso é válido para outros grupos estigmatizados (judeus e homossexuais, por exemplo). Em *A Hora do Show* os negros da plateia riem porque são atores negros fazendo uma caricatura de si mesmos; se os atores fossem o outro, quer dizer, brancos, a ira se manifestaria na hora, e os brancos que riem nessa cena não aparecem aos negros ali presentes como o outro, pois foram levados pela massa que ri num momento de sociabilidade.

Mas também o riso do negro que ri do negro interpretando a si próprio tem algo de um auto-ódio característico de grupos estigmatizados sobre o qual a sociologia e a psicanálise já se debruçaram muitas vezes. Rindo de si mesmo, o indivíduo estigmatizado grita: estou sujo, sou sujo... Ele traz em si algo da vítima de estupro que, após o ato hediondo, tenta limpar-se de tal sujeira. Já nem importa mais o que os outros pensam, afinal, já aconteceu... O negro que ri na plateia já nem importa se o seu colega branco também ri, afinal...

Na sequência final do filme, parece-nos que a genialidade de Spike Lee em transformar o conteúdo nauseante de cenas, fruto de muito preconceito e intolerância racial, está em fazer uso de certa memória afetiva, evocando aquela criança que um dia, sem saber de coisa alguma, começou, a partir de desenhos animados e comédias "totalmente inocentes", a sofrer a opressão da mídia estadunidense mergulhada em ódio racial e de forma velada destrói qualquer tipo de autoestima que pudesse ser construída por qualquer um que tivesse laços com "aquela pele suja".

As imagens da sequência final mostram personagens infantojuvenis em completa fragilidade, quando são transformados em motivo de chacota, em adultos idiotizados e subespécie humana (menos inteligente, servindo apenas para se dar risada dele ou como escravo). A condição desses personagens se deve a sua cor de pele diversa à dos personagens "brancos superiores". Parece um tipo de acidente.

Ao mesmo tempo que Spike Lee mostra a poderosa sequência de imagens, não lança mão de cenas de reações violentas ou de vingança, porém, por meio de músicas nascidas nos guetos negros, leva seus espectadores à luz dos fatos e mediante esse recurso se assenhora de suas almas, corpos, espíritos e mentes com a doçura e a gentileza de alguém que lhe oferece um doce, mas que não passa do seu senhor e algoz.

O riso pressupõe cumplicidade com outros que riem, sejam esses "reais ou imaginários" como nos ensina Bergson (op. cit., p. 20). Mas qual o ambiente que permite a produção do riso? Não se trata de um ambiente mítico, imaginário ou psicológico e procurar explicações dessa ordem é estar fadado ao fracasso. O ambiente do riso é concreto, muito mais concreto: a sociedade. Essa é seu meio natural. Ora, se a sociedade é o seu meio, logo, ele deve ter uma função na sociedade que o produz, quer dizer, o riso deve ter um significado social que devemos buscar. O riso nem sempre é consciente, aliás, pode-se mesmo dizer que ele, inconsciente para si, torna-se consciente, visível a toda sociedade no momento em que é expresso. Mas quando ele é expresso? "O cômico parece surgir quando homens reunidos em grupo dirigiram toda a sua atenção para um entre eles, fazendo calar a sensibilidade e usando somente a inteligência" (Ibidem).

A função do riso é reprimir toda e qualquer excentricidade. Isso porque o excêntrico é alguém que se isola, isto é, que não adota as convenções da sociedade e, por isso mesmo, assusta a sociedade, como o filho que, não obedecendo aos pais, amedronta-os com a possibilidade de impor novas regras no interior da casa.

O que faz rir, ou melhor, o que faz que a sociedade ria do negro caricato em *A Hora do Show* não é a suposta feiura concebida ao outro (entendendo por feio o padrão estético estabelecido pelo senso comum das sociedades), mas a rigidez e o mecanicismo que a vida de um grupo social são representados. O cômico, segundo Bergson, tem sua natureza na rigidez e não na feiura, até mesmo porque esta é passível de contestação até mesmo no grupo dominante, que estabelece o padrão estético (o senso comum estético do Ocidente, que imperava até os anos 1960, vem sendo contestado até hoje...). O cômico opõe-se antes à graça do que à beleza; ele é a cristalização, o engessamento da alma:

> As atitudes, gestos e movimentos do corpo humano são risíveis na medida exata em que esse corpo nos faz pensar numa simples mecânica (...). É preciso que a cada instante mude, porque deixar de mudar seria deixar de viver. Como ele, o gesto deve, portanto, ser vivo; deve aceitar a lei fundamental da vida que é a de nunca se repetir. Mas eis que um certo movimento de braços ou de cabeça, o mesmo sempre, eu vejo repetir-se periodicamente. Se eu o noto, se é o suficiente para me distrair, se o espero num determinado momento e ele vem quando eu o espero, involuntariamente rio. Por quê? Porque tenho agora diante de mim uma mecânica que funciona automaticamente. Já não é vida: é o automatismo instalado na vida e imitando-a é o cômico. (BERGSON, op. cit., p. 33-35).

A repetição da vida causa o riso, que pode nos reprimir e fazer-nos entrar em pânico e evitar a mudança ou que pode quebrar a rigidez.

O automatismo do negro caricato que nos faz rir é a evidência do mecanicismo que essa pessoa (o negro) deixou introduzir em si próprio. Essa evidência, eis a minha hipótese, é o trabalho repetitivo da escravidão moderna nas lavouras do continente americano que se perpetua no imaginário da sociedade. Ela foi extinta juridicamente ainda ontem, no século XIX (a minha concepção de tempo é muito ampla), mas muito de suas representações foram refuncionalizadas. Aquilo que antes era passível de piedade (o trabalho forçado e os castigos) hoje é passível de riso. Não é à toa que o programa apresentado pelo roteirista se passa justamente numa plantação de algodão típica da época colonial. Os personagens caricatos apresentados pelos atores são releituras dessa época: a mãe preta, o negro *entertainment* etc. Não é por acaso que nos fazem rir: eles são uma espécie de bonecos autômatos. E se a mecânica é a causa do riso, achamos a causa do cômico de tais personagens.

É como se Bergson estivesse falando dos menestréis típicos da sociedade estadunidense do século XIX. Quanto mais personagens mecânicos, maior será o motivo e a vontade de rir. Aliás, o próprio Bergson, escrevendo o ensaio sobre o riso em 1899, toma justamente como exemplo o "preto" como tipo, que estamos a tratar:

> Porque rimos nós duma cabeleira que passou do preto ao loiro?... Porque rimos nós dum preto? Pergunta embaraçosa parece, visto que os psicólogos como Hecker, Kraepelin, Lipps a tentaram resolver e a responderam de maneiras diferentes. No entanto não sei se não teria sido resolvida um dia diante de mim, no meio da rua, por um simples cocheiro que tratava de "mal-lavado" um cliente negro sentado no seu carro. Mal-lavado! A cara dum preto seria assim, para a nossa imaginação, uma cara suja de tinta ou de fuligem. (...) Agora, mesmo sendo a coloração negra ou vermelha uma qualidade inerente à pele, tomamo-la por estampada artificialmente, porque nos surpreende. (Ibidem, p. 39-40).

Tais considerações são absurdas à razão, mas o racional cessa nas fronteiras da imaginação e da fantasia, já que estas têm sua própria lógica.

À razão são sempre necessárias informações de um determinado assunto, que por definição em sua natureza são partes de algum outro conjunto de ideias que seriam uma elaboração superior a primeira e assim sucessivamente, perpetuando uma "Lógica" cartesiana. Na imagem e em nossa imaginação somos sempre contemplados com outros tipos de "espasmos" da realidade que elas nos dão, a despeito da não ordenação de fragmentos, caros à razão, sensações de, alguma talvez, completude de compreensão e entendimento ainda que à custa de alguma, aparente, negação daquilo que a razão nos ensinou.

A imaginação e a fantasia de um indivíduo podem soar como loucura no interior da sociedade, mas o que fazer quando tais imaginações são fantasiadas por toda a sociedade? Será toda a sociedade louca? O preconceito e o estigma retiram sua força dessa lógica do imaginário que não é a mesma da razão e que muitas vezes estão em oposição. Os personagens de *Mantan – o show do menestrel do milênio* são apresentados como bonecos mecânicos que representam os sentimentos humanos, mas não são humanos, são seres mecânicos que agem como se fossem, mas não o são, apesar de conservar o aspecto de verossimilhança. Daí talvez seu sucesso...

> É cômico todo o incidente que chama a nossa atenção para o físico duma pessoa quando é o moral que está em causa... Donde vem o cômico desta frase duma oração fúnebre, citada por um filósofo alemão: 'Era virtuoso e gordo'? (Ibidem, p. 45).

De onde vem o cômico de ver atores negros representando caricaturalmente a si próprios? Na frase acima de Bergson temos uma qualidade de caráter, de sua alma – era virtuoso... – e uma descrição de seu fenótipo – e gordo! – repare que na frase temos uma mudança brusca, um desvio de atenção no sentido estrito do termo dada a uma qualidade espiritual (virtuoso) para uma qualidade corporal (gordo). A inteligente observação de Bergson, isto é, do fato da nossa atenção ser bruscamente desviada da alma para o corpo, pode ser generalizada para o filme de Spike Lee. Todo o filme se passa sempre de uma qualidade espiritual (positiva) para uma qualidade corporal (negativa). Não é à toa que Pierre Delacroix é a expressão máxima da qualidade espiritual (a imagem do negro bem-sucedido) enquanto *Mantan*, sua criação, é a expressão corporal, o gordo da frase do filósofo alemão: os dois corpos dos excelentes atores negros expressando pela dança, sapateado, mímica, recitação, canções etc., tudo o que a sociedade ocidental sempre negou a sensualidade do corpo: "Um indivíduo embaraçado pelo seu próprio corpo eis a imagem que nos é sugerida nestes exemplos" (Bergson, op. cit., p. 45-6). Na visão ocidental, é uma infâmia o corpo não poder sobrepor-se à alma, como nos sugere esses exemplos, pois o corpo (negativo) importuna o espírito (positivo).

Mas as representações em shows, tais como menestréis, vaudevilles e correlatos, só são possíveis porque permeiam o imaginário social, afinal nenhum indivíduo se imagina sem referências de seu meio, ainda que imagine algo totalmente novo, único e singular teve que partir de algum ponto.

Quanto mais o produtor cultural recria a realidade, mais ele mergulha nessa maldita sociedade para dela afastar-se. A obra que menos cita a sociedade de seu tempo é a que mais a compreendeu. Isso não é um princípio tirado de algum manual de estética apenas uma constatação histórica, pois a história demonstra que tem sido assim...

Bergson (1993) diz que o riso exprime uma inadaptação particular da pessoa à sociedade. Também podemos dizer que o riso exprime uma suposta inadaptação de determinados grupos sociais à sociedade, como mostra o filme de Spike Lee. Inadaptação deve ser tomada não como uma falta essencializada que legitima ainda mais os racismos, mas como intolerância de uma sociedade que não sabe conviver com as diferenças, pois é bom que se distinga o discurso da aceitação do outro com o aspecto concreto de conviver com o outro. Pierre Delacroix é o exemplo do outro que trilhou o caminho do que a sociedade recomenda. Mas quando assim o fez, essa mesma sociedade, pela rede de televisão em que trabalha e também do público, lhe diz que para ser (supostamente) aceito deve justamente "ser ele mesmo", isto é, produzir um programa sobre algo que ele conhece bem: o negro tratado geneticamente como um *trickster*, como alguém que serve apenas para divertir. É porque Delacroix nunca foi aceito, foi assim com o seu pai, e não aceitação é o princípio da comédia: "A comédia só começa naquele ponto em que a pessoa de outrem deixa de nos comover. E começa com o que se poderia chamar a rigidez contra a vida social" (Ibidem, p. 98).

O riso tem uma função social, uma espécie de assoada social como nos aponta Bergson (1993), humilhar o indivíduo ou o grupo que ameaça a sociedade e que tal ameaça seja real ou imaginária pouco importa, ele é sempre um pouco humilhante para quem é objeto dele, o riso.

Nem no cinema ou no teatro o riso não vem de um prazer puro, desinteressado. Sempre traz algo de humilhação que a sociedade paira em cima de determinados indivíduos ou grupos sociais. Como se dissesse a quem assiste ao filme ou a determinada peça – "isso acontece todo dia!". Mas o indivíduo humilhado nunca é o indivíduo autônomo é sempre um indivíduo adjetivado, encaixado numa determinada identidade, por exemplo, quando rimos de alguém que tomou um tombo estamos a rir menos do indivíduo chamado X do que o indivíduo distraído, lerdo e bêbado. Enfim, tipos que já estão na sociedade, pois "a comédia pinta caracteres que já encontramos e que encontraremos ainda no nosso caminho. Anota as semelhanças; procura apresentar-nos tipos e criará mesmo, quando disso tiver necessidade, tipos novos" (Ibidem, p. 106).

O riso do telespectador no filme de Spike Lee soa como uma punição, saída do código penal àqueles que, real ou imaginariamente, pratica alguma transgressão. Por intermédio dele se vinga à sociedade das liberdades praticadas para com ela, o riso tem uma função útil, mas não se segue daqui que o riso acerte sempre no alvo, nem que se inspire num pensamento de benevolência ou mesmo de equidade (Ibidem).

Durante todo o filme, *Mantan – O show do menestrel do novo milênio* não é apresentada nenhuma ação, isto é, um desenvolvimento psicológico dos personagens. Os personagens simplesmente se mostram, apenas gesticulam, mais nada, não há histórias, apenas um esquema pronto – roupas, gestos, piadas etc. – a ser preenchido a cada programa. É que a ação não tem sentido na comédia, aliás, se tiver ação, não se tem comédia, pois, nesta, o que importa é apenas o gesto e mais nada. Os programas de humor demonstram isso muito bem, as personagens sempre têm os mesmos tiques, posturas, impostação de voz etc. O que interessa na comédia são apenas os gestos, como podemos assistir em *A Hora do Show*, jamais a comoção advinda da ação (história de vida de um personagem).

O efeito do estranhamento

Quando Spike Lee, em vez de colocar atores brancos pintados de negro para fazer o programa, coloca atores negros pintados de negro, temos aí uma crítica ao evidente. Se fossem atores brancos pintados, teríamos um julgamento moral: os brancos não podem desrespeitar os "neguinhos"! A discussão continuaria, tribunal, liberdade, intolerância etc., enfim, os mesmos argumentos tornados como eternos e não como mutáveis ao longo da história. Quando são atores negros pintados de negros, a discussão ganha um caráter sensacional e não é à toa que a palavra sensacional tem uma conotação pejorativa na sociedade burguesa, basta ver como o termo sensacionalismo aparece no cotidiano dos meios de comunicação de massa e é abraçado por intelectuais. Acusa-se sempre o adversário de... Sensacionalista! Os negros pintados de negro permitem uma discussão, uma análise da situação, aqui a do racismo, tanto pelos racistas para que eles vejam que suas práticas e ideias são racistas quanto pelos que sofrem o racismo para que tomem uma posição quanto ao racismo. Compreender uma situação é fazer uma crítica do evidente: "Em tudo o que é evidente, é hábito renunciar-se, muito simplesmente, ao ato de compreender. O que era natural tinha, pois, de adquirir um caráter sensacional. Só assim as leis de causa e de efeito podiam ser postas em relevo" (Brecht, 1978, p. 47).

Spike Lee, ao colocar atores negros pintados de negro está fazendo uso daquilo que Brecht chamou de efeitos de distanciamento, algo muito comum na arte dramática chinesa:

> *O artista chinês não representa como se além das três paredes que o rodeiam existisse, ainda, uma quarta. Manifesta saber que estão assistindo ao que faz. Tal circunstância afasta, desde logo, a possibilidade de vir a produzir-se um determinado gênero de ilusão característico dos palcos europeus. O público já não pode ter, assim, a ilusão de ser o espectador impressentido de um acontecimento em curso (...). Outra medida técnica: o artista é um espectador de si próprio. Ao representar, por exemplo, uma nuvem (...) olha, por vezes, para o espectador, como se quisesse dizer-lhe: "Não é assim mesmo?".* (BRECHT, 1978, p. 56)

Mantan, o sapateador, diz para quem o vê: não é assim mesmo que vocês nos veem? Mas ele não se dirige diretamente para a plateia do cinema, mas para uma plateia da plateia. Isso permite o distanciamento, que faz que o espectador tenha sua própria opinião sobre o filme e o personagem, ultrapassando a evidência. Spike Lee faz-nos pensar em racismo sem essencializar a raça, isto é, tomando a raça, uma construção social, como algo natural. Mais do que desnaturalizar o social, o diretor desnaturaliza o natural – a ideia de raça – e traz o telespectador para participar nesse processo. *A Hora do Show* não toma partido, é mera exposição de como aquela situação chegou a ser o que é.

Nas últimas cenas do filme, Mantan após ter-se revoltado com o diretor da rede de televisão e se rebelado ao vivo no programa, demite-se e vai embora. Mas é tarde, porque os Mau-Mau, grupo de rapper radical que exige a libertação total do povo negro, o espera. Ele é sequestrado pelo grupo, este avisa toda a imprensa que irá matá-lo ao vivo num determinado dia. Quando o dia chega, é incrível como o diretor nos faz pensar em todo o complexo histórico que levou àquela situação. O telespectador toma partido – deixe Mantan viver, ele se rebelou! – outro telespectador também toma partido – mas o grupo não está errado, eles nem sabem que Mantan se rebelou!

Isso só é possível por causa do distanciamento que Spike Lee tenciona, não sei de modo consciente, entre atores e personagens. O ator ocidental tem como objetivo aproximar ator e personagem num só, fundindo todas as suas emoções, aproximando o espectador dos sentimentos da personagem. Quem assiste a telenovelas brasileiras e filmes hollywoodianos sabe que os "bons atores" são julgados por esse critério: "como interpreta bem! Nem parece que está representando!", diz o senso comum tanto da crítica quanto do público sobre uma boa atriz e um bom ator... Mas essa técnica é muito extenuante e, no teatro, poucos são os atores que conseguem manter a mesma energia ao longo dos espetáculos: "para o ator é difícil e cansativo provocar em si, todas as noites, determinadas emoções ou estados de alma; em contrapartida, é-lhe mais fácil revelar os indícios externos que acompanham e denunciam essas emoções. Mas a transmissão de emoções ao espectador – contágio emocional – não é, decerto, uma transmissão pura e simples" (Brecht, op. cit., p. 60).

Estamos falando de cinema, é verdade, e essa técnica de fundir ator e personagem talvez se revele mais eficaz à medida que, terminado o filme, o ator e personagem estão cristalizados na película, mas esse ator, diz Brecht, ao metamorfosear em algum balconista, meretriz ou general necessita de tão pouca arte como a que o balconista, meretriz ou general necessitam na vida cotidiana. E seu efeito não é aquele da sensualidade da obra de arte: "O ator ocidental produziria efeito idêntico ao de um ilusionista de feira que deixa todos os truques à vista, o que faz com que ninguém esteja disposto a ver segunda vez a mesma cena; apenas mostraria como é que se finge" (Ibidem, p. 59).

Raramente assistimos ao mesmo filme por fruição estética. Já sabemos o truque. O efeito de distanciamento soa a alguns como algo frio e chato, o que não é verdade, pois Brecht mesmo dizia que o teatro é uma forma de aprender divertindo. É o caráter de exposição do efeito de distanciamento que incomoda ao telespectador e ao crítico que naturalizaram a interpretação via fundição ator e personagem. Com o efeito de estranhamento o cotidiano ultrapassa a evidência (Ibidem, p. 57), daí talvez a sua "frieza" quando "sentimos" a distância entre ator e personagem:

> Esta aparente frieza de sentimentos é consequência do referido distanciamento do ator em relação à personagem que apresenta. Evita, assim, que as sensações das personagens se tornem sensações do espectador. O indivíduo que o ator representa não exerce qualquer violência sobre ninguém, não é o próprio espectador; é, antes, um seu vizinho. (Ibidem, p. 58).

No filme *A Hora do Show* o distanciamento não se apresenta despido de emoções, pelo contrário, são mostradas determinadas emoções que não necessitam ser encobertas pelas personagens. A discussão entre Man Ray (Savion Glover) e Cheeba (Tommy Davidson), os dois atores protagonistas de Mantan, quando este resolve não mais se submeter ao papel humilhante, ao papel de ser objeto do riso do outro, mostra o ator não como personagem, mas o ator expondo os sentimentos da personagem sem se fundir com ela. E é uma cena que emociona e que analisa porque traz o ambiente para as relações entre os homens. Ali é o ator refletindo sobre o ambiente e não o ambiente como apêndice das peripécias do herói. E aqui há ecos de Brecht em Spike Lee.

Este efeito sobre o telespectador é bem diferente daquele estabelecido por Stanislawiski. O ator chinês, dizia Brecht (Ibidem, p. 62), testemunha a magia: "é do testemunho da magia que o artista chinês extrai o seu efeito de distanciamento". Ele diz como funciona e nesse sentido ele jamais violenta o espectador, pois este sabe que está sendo submetido à magia não antes ou depois, mas durante o espetáculo. *A Hora do Show* testemunha desde o início como se produz o efeito mágico de um corpo (negro) cercado pela sociedade (branca).

Os acontecimentos em *A Hora do Show* não são mais evidentes porque exigem uma explicação. Para ser mais claro quem assistir a qualquer outro filme que envolve a cultura dos negros notará como eles aparecem demasiado estetizados. Em um filme como *Be Cool*, por exemplo, (aliás, um bom filme), mas poderia ser qualquer outro, os negros aparecem como se dissessem – "Cheguei!", raramente como um personagem que partilha da trama da história do âmbito da normalidade (do que a sociedade entende por isso): o seu corpo, a sua roupa, a sua fala, a sua dança, em suma, o seu estilo é destacado de tal forma que a intenção primeira do politicamente correto – respeitar a diferença – é desviado – "nossa que coisa diferente!" – e a lógica da dominação continua a perpetuar-se.

A Hora do Show não apenas faz uso da estética, ele é uma reflexão sobre as mazelas e grandezas da estética – o que é mais estético do que *Mantan – o Show do Menestrel do Milênio*? – mas raramente tem-se a sensação de se estar fruindo esteticamente esta película. É que aqui vamos tomando consciência histórica de como a estetização veio se erigindo da barbárie, isto é, do papel humilhante que artistas negros tiveram que se submeter ao longo da história do Show business americano: os menestréis talvez sejam a sua pré-história. A parte final do filme aliada a uma bela trilha sonora, no qual o diretor perpassa como o negro foi socialmente representado, impregnado das ideias que se teria dele, no cinema, nos desenhos e seriados curiosamente é onde mais temos a sensação de fruir esteticamente a imagem à nossa frente, mas uma fruição distanciada, porque não conseguimos nos colocar no lugar deles.

Não apenas o espectador do teatro dramático do tempo Brecht, também o telespectador de telenovelas e o público dos filmes de Hollywood dizem: "Sim, eu também já senti isso. – Eu sou assim. – O Sofrimento deste homem comove-me, pois é irremediável. É uma coisa natural. – Será sempre assim. – Isto é que é arte! Tudo ali é evidente. – Choro com os que choram e rio com os que riem." (Ibidem, p. 48). Não é esta a reação evidente do (tele)espectador que se encontra diante de *A Hora do Show*, mas aquele outro pretendido pelo teatro épico que diz:

> – Isso é que eu nunca pensaria. – Não é assim que se deve fazer. – Que coisa extraordinária, quase inacreditável. – Isto tem que acabar. – O sofrimento deste homem comove-me porque seria remediável. – Isto é que é arte! Nada ali é evidente. – Rio de quem chora e choro com os que riem. (Ibidem, p. 48)

Considerações finais

De tudo o que foi argumentado até aqui é preciso deixar claro desde já: o fato de encontrarmos elementos brechtianos em *A Hora do Show* não significa afirmar que o principal realizador desta película seja brechtiano (e muito menos marxista). Não há em Spike Lee nenhuma tomada de posição política como Brecht o fez em seu trabalho e obra. Isso é importante para que se evite tomar a proposta de determinado autor e sair por aí usando-a para a explicação de qualquer coisa.

Fredric Jameson (1999), o mais refinado dos marxistas contemporâneos, argumentou que a proposta de Brecht foi ordenada mais em forma de método de criação estética e intervenção política no ambiente histórico de seu tempo do que meras compilações ou pressupostos. A questão do didatismo em arte, por exemplo, é uma questão moderna, isto é, da arte moderna.

Ao contrário do que afirma a crítica avessa a essa discussão, uma obra de arte didática não pressupõe uma obra já "mastigada" para o público. Pelo contrário, as obras modernas exigem um leitor/espectador extremamente ativo, quer dizer, que brigue, questione, interprete e discorde da obra (moderna) com que se defronta e é esse traço característico que faz que a obra não vire peça de antiquário, na qual todos a respeitam pela sua suposta raridade, sem jamais interrogá-la justamente por sua raridade.

Não é ao léu que o dramaturgo alemão definia o seu teatro épico como antiaristotélico: o que é antigo está mais próximo do natural, dizia Aristóteles (2000), e é essa naturalização da história e das relações entre os homens que Brecht tem a intenção de desnaturalizar, trazendo para o âmbito da estética o pensamento histórico. Ele não se baseia na empatia, tão cara a Aristóteles, pois em sua obra há uma preocupação pedagógica: "em Brecht como em Platão é o aspecto pedagógico sobredeterminante que justifica as posições aparentemente antiestéticas" (Jameson, 1999, p. 65).

As posições antiestéticas são aparentes, é bom frisar porque algumas técnicas usadas no filme – o cenário, o uso da música, o recorte de cenas de outros filmes e desenhos em que o negro aparece como tipo – possuem um simbolismo *sui generis* que ultrapassa os seus significados evidentes, pois ao contrário de um filme como *Be Cool*, por exemplo, em que tais técnicas aparecem como um fim em si mesmo (estetização em si mesma melhor seria), em *A Hora do Show* elas são meios para se atingir um fim: uma obra estética didática e, portanto, pedagógica, ao invés de uma obra de entretenimento (que não deve ser confundida com diversão). Nesse ponto, e somente neste talvez, encontramos alguns elementos brechtianos em Spike Lee.

A Hora do Show é uma obra épica. A noção de épico, é bom frisar, como o fez Jameson em seu arguto ensaio, não deve ser tomada na acepção corrente do cânone literário ocidental, isto é, associada às formas clássicas da tradição homérica e da exaltação do herói, mas como monotonia, rotina, quotidiano narrado pelo ato de contar histórias, apenas isto. Em Brecht, o teatro épico é um teatro-narrativa que se opõe às peças do drama burguês com moral da história. É "um teatro que narra histórias versus peças de oratória, um fato conduzindo ao outro em lugar de posturas e poses em conflito escultural." (Ibidem, p. 70).

A Hora do Show retoma essa noção quase esquecida (ou ignorada?) do épico. Em uma cena, Pierre Delacroix, convidado por uma emissora de rádio a falar sobre o novo programa televisivo, ao ser indagado pelo radialista sobre a escravidão diz, desdenhoso e distante da história: – "A escravidão foi há quatrocentos anos!". O radialista, estupefato, faz o homem culto de Harvard relembrar algumas datas: – "A escravidão não foi há 400 anos, ela acabou (nos Estados Unidos) há apenas 135 anos; sabia que o seu bisavô foi um escravo?".

Em *A Hora do Show* o grande show da vida de um povo emergido da escravidão não aparece de forma estetizada como em muitos livros e filmes etnográficos, científicos na aparência – no plano da evidência para adotarmos o vocabulário brechtiano –, mas que trazem em sua essência a marca repressiva das análises conservadoras. Mas também não aparecem como meras vítimas, o próprio Delacroix é a encarnação da ambivalência, isto é, do oprimido que, violentado pelo opressor, também aprendeu a violentar os oprimidos como opressor.

Enfim, mediante o uso épico e didático do efeito de distanciamento, compreendemos que o negro como arquétipo do *trickster*, até então considerado como eterno, lógico e natural mostrou-se um produto histórico das relações entre mulheres e homens. Nesse aspecto Spike Lee, como Brecht, não julgou; apenas analisou a complexa situação que se propôs epicamente a narrar.

Bibliografia

ARISTÓTELES. *A retórica das paixões*. São Paulo: Martins Fontes, 2000.

BERGSON, Henri. *O riso*: ensaio sobre o significado do cômico. Lisboa: Guimarães Editores, 1993.

BRECHT, Bertolt. *Estudos sobre teatro*. Rio de Janeiro: Nova Fronteira, 1978.

JAMESON, Fredric. *O método Brecht*. Petrópolis: Vozes, 1999.

JUNG, Carl Gustav. *Os arquétipos e o inconsciente coletivo*. Petrópolis: Vozes, 2000.

Filmografia

A HORA DO SHOW. Direção: Spike Lee. Estados Unidos: New Line Cinema, 2000.

BE COOL. Direção: Gary Gray. Estados Unidos: MGM, 2005.

O NASCIMENTO DE UMA NAÇÃO. Direção: D. W. Griffith. Estados Unidos: David W. Griffith Corporation, 1915.

A construção das personagens estrangeiras nos filmes *Contra a Parede* e *A Festa de Babette*

Joice Margareth Dombrova[1]

Ser o outro: a trajetória

Estar no país do outro, cercada de tantos outros e ao mesmo tempo ser o outro. Experimentei-me estrangeira. Durante nove meses pude sentir o que é ser diferente em um país de iguais. Iguais que compartilham a mesma língua, os mesmos costumes, os mesmos gestos, a mesma moda, a mesma fisionomia, a mesma cor. Talvez eu compartilhasse do quesito aparência física, mas os tantos outros acabavam por me denunciar: uma estrangeira. As vestimentas inadequadas para

1 Graduação: Laboratório de Estudos Audiovisuais OLHO, Faculdade de Educação--Unicamp. joice_dom@yahoo.com.br

tamanho frio, os gestos corporais que não diziam nada a eles e, naturalmente, o sotaque nasalado da minha língua materna, me evidenciavam como uma estranha.

Nunca me senti privilegiada por parecer um deles e ser poupada de preconceitos à primeira vista, mas sim, senti algo muito negativo em vivenciar uma experiência em que fui tratada e vi outros serem tratados de acordo com o que aparentam ser e não de acordo com o caráter, com o que realmente são.

A "aparência" proporcionou-me, além de uma suposta proteção e um suposto bem-estar naquela sociedade, muitas reflexões sobre as questões de natureza visual. A primeira impressão que temos de alguém está ligada ao que ela aparenta, ao que ela mostra ser fisicamente. No caso da diferença, a primeira a ser percebida é aquela diferença óbvia, ou seja, as características físicas do outro, como o formato dos olhos, a cor da pele, o cabelo, a vestimenta, os gestos, as expressões faciais.

O preconceito racial está intimamente ligado a essa percepção visual que se faz do outro. Somos educados visualmente para aceitar ou não um indivíduo, e isso ocorre pela identificação de semelhanças e diferenças. A aceitação do outro acontece por meio de uma simpatia por sua semelhança, uma identificação de quem olha com aquele que é olhado. Isso talvez estivesse relacionado com uma espécie de "etnomorfismo", o "querer ver no outro a si mesmo", ou seja, "achar bonito o que é espelho", e logo aceitá-lo como parte integrante de si, do seu grupo. É levar em conta o parecer e não o ser.

Ser igual no meio de iguais é garantir a simpatia de todos e a convivência harmônica em uma sociedade. Porém desse "conto de fadas antropológico" só a minoria dos que estão em "situação de outro" consegue provar. Aos outros resta afinarem-se entre si e formarem um mundo à parte na sociedade dos igual-locais.

Infelizmente, percebi, nessa sociedade, que a cor da pele, dos olhos e dos cabelos diz muito mais sobre você do que suas atitudes, já que pela aparência se é possível deduzir a origem, senão da própria pessoa, dos seus parentes e, logo, fazer o julgamento de seu caráter de acordo com o que se sabe previamente, ou seja, os preconceitos e clichês, do seu país de origem. Essa primeira ideia, normalmente pejorativa, que se tem do desconhecido, leva ao racismo e a uma consequente tensão na sociedade.

Se, por um lado, há esse sentimento preconceituoso que acaba afastando os grupos, por outro a aparente exoticidade do "ser estrangeiro" acaba aproximando alguns nativos. O misterioso Outro dotado de características próprias, ao mesmo tempo que traz medo, traz também curiosidade. Era cômico dizer que eu vinha do Brasil e ouvir as pessoas fazendo seus comentários conclusivos relativos à alegria do povo brasileiro, às festas, ao calor.

As impressões provocadas pela experiência como Outro ficaram, por um tempo, adormecidas e só fui tentar entendê-las quando já estava em solo brasileiro. Influenciada pela minha experiência, interessei-me por investigar a imagem de duas personagens estrangeiras dos filmes *Contra a Parede* e *A Festa de Babette*. Estudei como, pelo uso das técnicas cinematográficas e das linguagens imagéticas, foram construídas suas imagens, seus comportamentos e o que viria a compô-las para caracterizá-las como estrangeiras.

Passei a ter a companhia de duas mulheres que, assim como eu, experimentam ser Outro, cada uma da sua maneira, em diferentes universos fílmicos, com suas visões de mundo. Uma agitada e impaciente, a outra completamente o oposto. As duas com o mesmo objetivo, porém, seguem caminhos bem distintos, uma traça o caminho da vida, outra o da morte.

Sibel e Babette, outras

Sibel é estrangeira. Nascida na cidade de Zonguldak, na Turquia, foi ainda muito menina, com seus pais e o irmão mais velho para a Alemanha. Hoje ela tem 21 anos e morava, até pouco tempo, em Hamburgo com sua família. Sob a tradição muçulmana, Sibel foi criada para respeitar as regras da religião e preservar a honra da família, ao mesmo tempo que foi influenciada pela cultura ocidental alemã. Essa tentativa de fusão de culturas lhe resultou, entre outras coisas, o nariz quebrado pelo irmão, quando foi vista de mãos dadas com um homem.

Babette também é estrangeira. Ela é natural da França e foi parar na Dinamarca por motivos de guerra. Trabalha atualmente como empregada, na casa de duas senhoras religiosas, em troca de moradia e comida, e não pensa em voltar para seu país, já que agora não lhe restou mais ninguém lá, pois todos se foram na guerra.

Apesar de parecerem pessoas reais, Sibel e Babette são protagonistas dos filmes *Contra a Parede* e *A Festa de Babette*, respectivamente. Esse talvez seja um dos motivos que fazem do cinema algo tão fascinante: ele cria pessoas. Pessoas que têm histórias de vida, sentimentos, personalidades, e que existem durante os minutos que dura o filme. A aparente veracidade dos fatos nos faz crer que, realmente, aquelas pessoas existem e por isso manifestamos diferentes reações sentimentais em relação aos acontecimentos de suas vidas. Essa aceitação de que o que vemos na tela sejam fatos reais está relacionada com a "evidência cotidiana" de que Morin[2] nos alertara como o primeiro mistério do cinema.

A fusão entre imaginário (ficção) e realidade que gera a identificação do espectador com os personagens e a trama do filme pode ser explicada pela ferramenta utilizada pelo cinema, o qual Balázs[3] vai chamar de mundos antropomórficos, isto é, a forma característica humana evidenciada nas imagens, o que gera reconhecimento por parte do espectador, que passa a viver o filme. Não apenas a fisionomia humana torna o filme familiar ao espectador, mas também as diferentes condutas humanas nele evidenciadas.

O espectador vai se alegrar pelas conquistas da personagem pela qual se afeiçoar, vai se entristecer e até verter lágrimas com situações desfavoráveis, e ficar aflito em outros momentos. Assim, o espectador

---

2 MORIN, 1970.

3 BALÁZS apud XAVIER, 1983.

participa da vida da personagem à medida que suas paixões são excitadas. Eisenstein dirá que o segredo para tal relação real-imaginário é apoiar a composição fílmica na estrutura do comportamento emocional do homem, deste modo, cria-se um movimento circular em que no espectador é causado "o mesmo emaranhado de paixões que originalmente caracterizou o esquema de composição da obra",[4] e então se tem a fusão dos eventos reais e fictícios.

Ao se acompanhar a vida de uma personagem, participa-se com ela de sua realidade, e acredita-se nessa realidade ainda que pareça um pouco fantasiosa, pois afinal, como afirma Eisenstein, uma tendência do cinema é mostrar eventos com o mínimo de distorção, aproximando-os da realidade, como forma de convencer quem o assiste da veracidade dos fatos registrados.

Sibel e Babette, as pessoas fictícias das quais me proponho a falar, propõem um problema real que muitos são capazes de identificar como tal, e que muitos imigrantes vivem arduamente: o conflito de culturas. Falar uma língua diferente, se vestir diferente, ter outra religião, outros valores, comer outra comida, enfrentar condições climáticas diferentes fazem parte da cultura de todos, mas que, na situação de outro, tornam-se empecilhos no quesito adaptação em terra alheia.

Sibel também enfrenta esse desafio. Como tantos outros imigrantes, ela carrega uma diferença que a faz sofrer, uma diferença que veio do berço, sua religião. Sua família é muçulmana, mas mora na Alemanha, um país laico. Vivendo submersa em uma cultura que lhe oferece oportunidades de liberdade de expressão, sexual e amorosa, Sibel questiona sua cultura familiar e religiosa e opta ser uma jovem alemã. Esta decisão quase lhe custará a vida.

Impedida por sua família de ser uma mulher livre em um país laico, Sibel decide morrer. Ela se apresenta aos espectadores como uma suicida em potencial. E as cenas não nos deixam enganar, ela quer morrer.

---

[4] EISENSTEIN, 1990, p. 139.

Já Babette quer viver. Ainda que tenha vindo de outro país e tenha uma cultura diferente, ela não baterá de frente com a cultura alheia e, muito menos, rejeitará sua própria cultura para se adaptar à nova sociedade, como faz Sibel. Ela aprende com a cultura do outro e, enxergando a realidade local de outro ponto de vista, transforma a vida das pessoas para melhor com inserção de doses homeopáticas de sua cultura. As cenas nos mostrarão uma mulher calma, sábia e vivida, que ensinará muito das suas virtudes às pessoas que a rodeiam.

Sibel decide morrer

Quando Sibel nos é apresentada, a conhecemos em detalhes. Logo na primeira cena em que surge seu rosto aparece por completo na tela, suas características físicas são explicitadas, sua imagem é exposta, e o espectador compreende o recado. O *close* que fecha a imagem no contorno de seu rosto nos deixa claro que aquela virá a ser um personagem de importância singular no filme. Isso porque a aproximação da cena aos olhos do espectador insiste que os detalhes sejam notados para serem recuperados posteriormente.

O *close*, também chamado close-up, é uma técnica de filmagem usada como forma de manipular a atenção do espectador, já que a imagem aproximada trai por sua riqueza de detalhes. "O detalhe em destaque torna-se de repente o conteúdo único da encenação; tudo o que a mente quer ignorar foi subitamente subtraído à vista e desapareceu."[5]

Segundo Munsterberg, "O close-up transpôs para o mundo da percepção o ato mental de atenção e com isso deu à arte um meio infinitamente mais poderoso do que qualquer palco dramático",[6] isso porque no teatro não é possível ver com detalhes as expressões faciais e corporais dos artistas em cena. Essa técnica é bastante adotada por

[5] MUNSTERBERG, apud XAVIER, 1983, p. 34.

[6] Ibidem.

diretores que pretendem que os espectadores compreendam seus filmes como ele imaginou. Uma cena bem explicada não deixa espaços para dúvidas nem interpretações diferentes das do diretor.

A apresentação da face de Sibel vem nos dar a primeira impressão sobre a personagem. São suas características físicas, as mesmas que percebemos quando deparamos com algo ou alguém estranho a nós, que nos fazem elaborar um primeiro conceito sobre ela, o "pré-conceito". Em apenas alguns segundos de contato com a personagem, acrescentam-se a essas características físicas, conceitos de ordem de seu caráter. Um contato mais superficial talvez não nos permitisse perceber tal efeito, mas analisando a imagem repetidas vezes; nota-se o mecanismo empregado pelo diretor para causar certa impressão sobre a personagem.

Tal mensagem subliminar de que trato é transmitida verbalmente com a imagem física da personagem. A conversa *in-off* entre dois homens que se encontram no mesmo recinto parece não se relacionar com Sibel, já que ambos estão sentados distantes, eles nem a conhecem. Porém o conteúdo da conversa é prioritariamente ligado a acontecimentos com a figura feminina, em que os homens proferem palavras agressivas em relação à mulher. A face de Sibel acompanhada por esses dizeres negativos em relação à mulher, nos sugere que ela tem as características que estão sendo mencionadas pelos falantes. Se isso será ou não verídico, apenas o restante da trama poderá dizer.

Esta associação que fazemos das ideias, imagem e mensagem falada, está relacionada com a técnica de sugestão, usada pelo cinema. Segundo Munsterberg, a sugestão nos é imposta; as associações não são sentidas como criações nossas, mas como algo a que temos de nos submeter, ou seja, a conversa *in-off* não acontece por acaso no mesmo ambiente em que Sibel está, mas, justamente, para absorvermos enquanto faces de seu caráter.

Na sequência do filme, outra técnica de filmagem vai nos mostrar a sua didática. Sibel, novamente filmada em *close*, fala sozinha, momento esse em que nos é revelado o que a personagem estava pensando. O diretor poderia ter optado por mostrar apenas a face de Sibel e deixar que o espectador refletisse a respeito da cena, mas preferiu explicar o que estava se passando, ao abrir a mente de Sibel e mostrar seus pensamentos verbalmente.

Esse momento de solidão das personagens em que demonstram pensamentos e sentimentos chama-se solilóquio. Há o solilóquio falado e o silencioso. Este que se percebe em tal cena é o solilóquio falado. Balázs dirá sobre isso que:

> A expressão facial é a manifestação mais subjetiva do homem, mais subjetiva até mesmo que a fala, pois tanto o vocabulário quanto à gramática estão sujeitos a regras e convenções mais ou menos válidas universalmente, enquanto que a combinação das feições (...) é uma manifestação não governada por cânones objetivos (...). Esta que é uma das manifestações humanas mais subjetivas e individuais é concretizada no close-up. (BALÁZS, 1983, p. 93)

A grande inovação do *close* no cinema foi, justamente, explicitar o rosto da personagem como forma de mostrar ao espectador os sentimentos dela, já que as emoções são demonstradas principalmente por expressões faciais. Por esse motivo, se o *close* é usado, não é necessário que se fale. Porém, neste filme, os solilóquios não são silenciosos, tornando-o artificial, por um lado, mas mais compreensível, por outro.

Os solilóquios, assim como os *closes*, continuarão sendo usados ao longo do filme *Contra a Parede*, e surtirão bastante efeito principalmente nas cenas de tentativas de suicídio de Sibel, nas quais o sangue e a dor ficam explicitados pela aproximação da cena.

Na primeira tentativa de suicídio de Sibel, podemos entender um exemplo de como chamar a atenção do espectador com cenas atraentes e dramáticas. A sobreposição das cenas ocorre com uma rapidez tal que é impossível paralisar uma imagem nítida. O corte rápido entre as cenas é justamente utilizado no cinema para aumentar o ritmo dos acontecimentos e causar a apreensão do espectador. Esse nervosismo e tensão que as trocas rápidas de cenas provocam, tornam-se ainda mais intensas quando a sequência termina, pois há muito sangue na tela.

Intercalado com alguns momentos de felicidade, logo vemos a segunda tentativa de suicídio de Sibel. Desiludida com sua vida amorosa, Sibel encontra-se sozinha no banheiro com a porta aberta. A tomada da câmera será de longe, vemos a personagem de corpo inteiro, pelos segundos que durará o *plano sequência*.

O *plano sequência* tem a característica de causar a impressão de que os acontecimentos filmados são em tempo real, pois não tem cortes. Vemos parte do corpo de Sibel pela porta do banheiro, mas não podemos ver o que ela faz, logo em seguida ela se afasta de onde estava com o braço sangrando e senta na beira da banheira por alguns segundos. Esta sequência toda filmada de uma só vez nos dá a impressão de ter visto tudo o que se passa com Sibel através da porta, como se estivéssemos na casa dela, participando da cena.

Esta tomada sequencial de cena só é interrompida quando a câmera mostra o objeto que Sibel usou para se ferir, uma lâmina de barbear dentro da pia toda ensanguentada, filmada em *close*, como se dissesse: "Veja espectador, não foi um acidente, o pulso de Sibel sangra por causa disso". A tela é tomada de um vermelho intenso e dolorido. Extremamente didáticas essas cenas; ao mesmo tempo que provocam asco e tensão no espectador, são atrativas, porque aparentam ser reais.

Como se vê, em todas as análises de cena em que Sibel aparece muito feliz ou muito depressiva, há o componente atrativo que é peça chave para filmes desse gênero, sejam os jogos rápidos de cenas, as cores fortes, as luzes e movimentos bruscos, a tomada em câmera lenta e o sangue que toma a tela; todas essas são ideias muito bem planejadas pelo diretor para montar a trama e a personalidade das personagens.

Sobre a atração, Eisenstein dirá que:

> é todo aspecto agressivo do teatro, ou seja, todo elemento que submete o espectador a uma ação sensorial ou psicológica, experimentalmente verificada e matematicamente calculada, com o propósito de nele produzir certos choques emocionais que, por sua vez, determinem em seu conjunto precisamente a possibilidade do espectador perceber o aspecto ideológico daquilo que foi exposto, sua conclusão ideológica final. (EISENSTEIN, 1990, p. 189)

Sem dúvida, as técnicas cinematográficas são os grandes responsáveis por determinar as características do personagem. Elas transmitem ansiedade, desespero, alegria de cada cena, sem contar a atuação da atriz. Porém, depois dessas análises das imagens baseadas na protagonista, vejo o quanto o filme abusa do "fazer atração". Todos os excessos de movimento, de sangue, de alternância de humores agravam tanto mais a questão central que é "a luta para ser feliz da personagem estrangeira". Pouco poético e muito didático, o filme, ao abusar dos cortes e dos closes, elimina por completo a participação do espectador e deixa claro a que veio: retratar a realidade sem dar brechas para abstrações.

A respeito do cinema poético, concordo com Buñuel, quando diz que:

> Aos filmes falta, em geral, o mistério, elemento essencial a toda obra de arte. Autores, diretores e produtores evitam cuidadosamente perturbar nossa tranquilidade abrindo a janela maravilhosa da tela ao mundo libertador da poesia; preferem fazê-la refletir temas que poderiam ser o prolongamento de nossas vidas comuns; repetir mil vezes o mesmo drama, nos fazer esquecer as horas penosas do trabalho cotidiano. (BUÑUEL, apud XAVIER, 1983, p. 335)

... e Babette viver

Babette é discreta. Tanto é assim que é apresentada ao espectador de costas. Em sua primeira aparição, ela está retirando biscoitos do forno e é filmada de forma tal que seu rosto não pode ser visto. Esse é um primeiro sinal de que o filme não escancara ao espectador as obviedades. Até então, não é possível saber quem é e o que faz aquela mulher de costas na cozinha e, muito menos, que ela virá a ser a protagonista do filme. Há um primeiro mistério no ar.

Só em uma segunda tomada se pode ver o rosto de Babette, na mesma cena em que aparecem outras pessoas na sala de jantar. Será a partir de algumas tomadas mais próximas, que não chegam a ser um *close*, que a conheceremos melhor, pois entra em cena a voz de uma narradora que contará como Babette foi parar naquele lugar. Apesar de haver uma voz em *off* explicando alguns acontecimentos, o modo como acontece a narração deixa brechas para refletirmos e termos dúvidas, vejamos:

> As duas irmãs tinham uma criada francesa. Seu nome era Babette. Isto pode parecer estranho, para duas senhoras puritanas vivendo em um lugar tão remoto e isolado e merece uma explicação. A presença de Babette na

> casa daquelas duas senhoras pode ser explicada apenas pelos mistérios do coração.

Antes de falar propriamente sobre Babette, a narradora contará a história das duas irmãs que a acolheram, trinta anos antes de ela chegar. E isso será importante, pois com base nos fatos relatados do passado é possível compreender o porquê das atitudes das duas senhoras no presente e sua relação com Babette. A voz em *off* terá uma importância à narrativa fílmica.

> É essa voz em off que aproxima nossos sentidos das imagens que se desenvolvem na tela. A voz em off permite a atualização do tempo. A narração personificada nessa voz confere o tom e o ritmo da câmera. É alguém que nos conta uma história de um outro tempo e um outro lugar, portanto, distante em vários sentidos do tempo presente, porém presentificado pela leitura do espectador. (ANDRÉ, 2002, p. 57-86)

O passado será transportado ao presente de uma forma tão sutil que temos a sensação de que nada mudou. Essa sutileza é provocada pela forma como foram feitas as montagens de cenas entre passado e presente e vice-versa. No momento em que somos levados ao passado, por exemplo, a cena inicial mostra as duas senhoras lado a lado sentadas à mesa, a imagem torna-se mais clara e, gradativamente, é substituída pela imagem de duas mulheres jovens, com o mesmo penteado e o mesmo estilo de roupas que as duas senhoras usavam. Nesse momento, as cenas mostrarão o passado delas, como se fosse uma forma de lembrança, para compreendermos "os mistérios do coração" que trouxeram Babette àquele lugar.

Essa volta ao passado como um recurso para situar melhor o espectador na trama, chama-se *cutback*. Esta técnica faz que o cinema funcione de uma forma análoga à imaginação, já que "ele possui a mobilidade das ideias, que não estão subordinadas às exigências concretas dos acontecimentos externos, mas às leis psicológicas da associação de ideias. Dentro da mente, o passado e o futuro se entrelaçam com o presente".[7] É como se estivéssemos viajando pelas memórias

[7] MUNSTERBERG, apud XAVIER, 1983, p. 38.

dos personagens sem que eles soubessem, guiados pela narradora, que seria a voz de uma memória comum.

Só saberemos de fato quando Babette chega, quando as duas mulheres voltam a ficar velhas, ou seja, quando se volta a falar do presente. A transição do passado para o presente ocorre como se as montagens de cenas fossem contínuas, referentes a um mesmo tempo e espaço.

As duas jovens estão sentadas na sala tricotando, na companhia de seu pai. Na sequência, uma tomada externa mostra uma mulher com uma mala e uma capa, andando sob uma tempestade como se estivesse perdida. Novamente dentro da sala, vemos as duas mulheres sentadas, agora uma está tricotando e a outra lendo jornal, elas voltaram a ficar velhas e seu pai já não as acompanha. Dessa troca de cenas a narradora não participa, mas ficamos com a certeza de que o momento das lembranças acabou naquele momento.

Tal montagem de cenas enfocando o passado e o presente, com intermédio da cena de Babette na chuva, nos causa um momento de reflexão propício ocasionado pelos cortes. No momento em que há o corte da cena das duas moças tricotando e passa-se a mostrar a cena da chuva, tem-se a impressão de que faltou algo a ser visto ou ouvido, e há um momento de apreensão para ver o que teria acontecido na vida das duas jovens. Em seguida, há um novo corte e vemos que elas envelheceram e suas vidas continuam aparentemente iguais.

Em geral, não notamos a presença e, talvez, nem damos importância aos cortes, já que as cenas sempre parecem uma continuidade, mas é uma técnica que oferece muito ao espectador. Almeida dirá que é nos cortes que

> os significados, a interpretação, os sentimentos com que a inteligência é envolvida, acontecem. Esse intervalo que vai dar sentido ao que está sendo narrado não é um intervalo vazio. Ao contrário, é o mais pleno: nele acontece e age a história do espectador, a história como memória e sentimentos próximos, sua vida única e irredutível e a história como memória e sentimentos coletivos, a vida social e redutível à de todos. Medos pessoais e medos coletivos, prazeres únicos e prazeres compartilhados. Eu e todos. Um intervalo em que a ilusão de ser único tensiona a ilusão de

> ser histórico. E a inteligibilidade de um filme acontece nesse misterioso intervalo, entre os cortes e as cenas escolhidas para serem vistas, editadas e montadas, de acordo com a possível e efetiva produção final de um filme, com tudo de artístico e de ideológico do momento de produção desse filme. (ALMEIDA, 1999, p. 38)

Antes que a campainha toque, uma imagem aparentemente vazia de significado sugere-nos algo. A mulher que lê volta-se para a irmã mostrando uma figura do jornal. Tal figura é mostrada ao espectador por um close, para termos a clareza dos seus detalhes. A imagem do jornal parece ser a reprodução de uma pintura que mostra uma mulher de avental, com uma bacia de madeira em sua frente, uma mão segurando um pano na bacia e a outra como se estivesse limpando o suor da testa, ou fazendo uma expressão de cansaço. Em seguida as duas senhoras ouvem o barulho de um trovão e olham para a janela.

Assistindo ao filme uma primeira vez, não se pode notar tais detalhes da figura do jornal; talvez se perceba apenas de que se trata da imagem de uma mulher. Sem que seja coincidência, minutos depois chega Babette que virá a ser a criada das duas mulheres. Essa cena da figura do jornal sem dúvida é irrelevante para a compreensão da trama, mas está ali para insinuar, sugerir algo. Não é possível concluir algo concreto a respeito de tal imagem estampada no jornal, como ao que a notícia estava associada e também não sabemos por que uma irmã mostrou a outra. Podemos fazer algumas inferências como, que aquela área do jornal pudesse ser destinada a anúncios de emprego e a moça da figura oferecia seu trabalho como empregada, ou simplesmente que aquele caderno do jornal pudesse ser a parte de exposição de obras de arte e aquela seria uma nova pintura de algum artista, da qual uma das irmãs se afeiçoou e mostrou a outra.

Enfim, o trecho nos dá chances para tecermos quantas ideias quisermos a respeito da figura, sem que haja qualquer explicação futura sobre ela. Ela está ali como um detalhe que pode ser examinado ou não de acordo com a curiosidade do espectador. Se for notada, pode propiciar questionamentos e aguçar a imaginação do espectador, que pode criar suas próprias conclusões sobre a figura e enriquecer o filme.

A Festa de Babette é um filme que propicia essas "viagens". Ele apresenta mensagens subliminares e cada um que o assiste tenta desvendá-las da sua forma, dando um toque particular com sua visão de mundo. "Se o sentido e o significado do filme estivessem estritamente nas cenas vistas igualmente (naturalisticamente) por todos, não haveria discordância de interpretações".[8] Em um filme preocupado em se fazer compreender literalmente, talvez não haja tantas discordâncias de interpretações entre os espectadores, mas quando falamos de filmes mais poéticos, como *A Festa de Babette*, a subjetividade é inerente à trama e o espectador ganha asas para imaginar.

Uma das razões que me levaram a querer conhecer a estrangeira Babette mais a fundo foi seu comportamento perante a sociedade local. Ao mesmo tempo em que ela me inspira paz, também me inspira coragem, pois é crítica em relação aos costumes locais. Mesmo estando em uma situação adversa, Babette, humildemente, aproveita o que lhe oferecem e transforma sua vida em momentos prazerosos. Ela passa grande parte do tempo cozinhando e, descobrimos que a culinária para ela é o momento em que se realiza. Os alimentos, para ela, são como uma tela em branco, transformando-os ela faz suas obras de arte e enaltece sua alma.

Babette encaixou-se nos costumes locais, embora tivesse sua opinião sobre tudo o que via. Ela notou que a comida das duas senhoras era sem graça e que, apesar disso, comiam a mesma comida todos os dias; notou também que os alimentos vendidos não eram frescos ou não tinham um bom sabor, coisa que ninguém reparava; além disso, percebia que as reuniões religiosas na casa das duas senhoras não passavam de uma reunião para se falar mal da vida alheia. Babette repara, e fala às vezes sobre o que pensa: "O bacon estava rançoso da última vez", "Este peixe não está fresco", "Ora, ora, ora, uma reunião cristã?". E todos recebem suas observações com surpresa, já que talvez nunca tivessem reparado em si próprios, ou já estavam acostumados.

---

8 ALMEIDA, 1999, p. 38.

Babette é dotada de uma característica que só os que estão em situação de Outro são capazes de ter, o olhar estrangeiro. Peixoto dirá que o estrangeiro

> é capaz de ver aquilo que os que lá estão não podem mais perceber. Ele resgata o significado que tinha aquela mitologia. Ele é capaz de olhar as coisas como se fosse pela primeira vez e de viver histórias originais. Todo um programa se delineia aí: livrar a paisagem da representação que se faz dela, retratar sem pensar em nada já visto antes. (PEIXOTO, 1988, p. 363)

Apesar de, às vezes, dizer o que pensava, enquanto Babette estava seguindo a conduta local as pessoas não a viam mal. Os olhares começaram a se enviesar quando ela decidiu trazer da França um pouco de sua cultura e oferecê-la aos fiéis que frequentavam a casa das duas senhoras. Babette trouxe a culinária francesa àquela vila, mas eles imaginavam que ela estava tramando alguma bruxaria, já que os ingredientes lhes eram bizarros e, além disso, não davam valor à comida como um prazer.

Ela que já havia reparado em tantos costumes daquela vila, agora tentaria fazê-los perceber o quão variado poderiam ser os gostos dos alimentos e faz um banquete para doze pessoas no melhor estilo francês. Os convidados das duas senhoras se rendem ao prazer da refeição, de se deliciarem com pratos franceses e, desse modo, são tocados pelo olhar estrangeiro de Babette, passando a ver um ato natural, o ato de alimentar-se, como algo diferente e prazeroso.

Este é o mesmo efeito que *A Festa de Babette* causa em mim. Ele trata da questão do estrangeiro sobre outra ótica e de maneira sutil. Do mesmo modo que Babette surpreende os convidados, ela surpreende o espectador, que passa a ver o filme com um olhar estrangeiro, desconfiando do que parece comum. O papel de Babette, como estrangeira, é justamente recuperar as figuras e as paisagens banalizadas de nosso imaginário, para extrair dele uma identidade e um lugar.[9] Isso nos torna capazes de captar a banalidade do cotidiano humano e de prestar mais atenção na poesia que brota das coisas simples.

---

9 PEIXOTO, 1988, p. 363.

Bibliografia

ALMEIDA, Milton J. de. *Cinema*: arte da memória. Campinas: Autores Associados, 1999.

_______. "Investigação visual a respeito do outro". In: GALLO, Silvio; SOUZA, Regina Maria de (Orgs.). *Educação do preconceito*: ensaios sobre poder e resistência. Campinas: Alínea, 2004.

ANDRÉ, Maristela Guimarães. A festa de Babette: uma alegoria da ressurreição. *Margem,* São Paulo. n.15, p. 57-86, jun. 2002. Disponível em: <http://www.pucsp.br/margem/pdf/m15mga.pdf>. Acesso em: 20 nov. 2006.

DINESEN, Isak. *A festa de Babette e outras anedotas do destino.* Rio de Janeiro: Record, 1989.

EISENSTEIN, Sergei. *A forma do filme.* Rio de Janeiro: Jorge Zahar, 1990.

MORIN, Edgar. *O cinema ou o homem imaginário.* Lisboa: Moraes, 1970.

PEIXOTO, Nelson B. "O olhar do estrangeiro". In: NOVAES, Adauto et al. *O olhar.* São Paulo: Companhia das Letras, 1988.

XAVIER, Ismail (Org.). *A experiência do cinema*: antologia. Rio de Janeiro: Graal/Embrafilme, 1983.

Filmografia

CONTRA A PAREDE. Direção: Faith Akim. Alemanha: Corazón International, 2004.

A FESTA DE BABETTE. Direção: Gabriel Axel. França/Dinamarca: Panorama Film, 1987.

O jogo *Age of Empires II*: concepções históricas e nuanças da relação jogo/jogador

Ricardo Augusto Rocha[1]

Esta pesquisa se apresenta como uma tentativa de mudar o olhar acerca dos jogos eletrônicos. O trabalho, no qual o jogador é o próprio pesquisador, visa a projetar um novo olhar sobre a relação jogo/jogador, relação esta em que pesquisador e objeto de pesquisa não permanecem estanques.

Também por causa dessa proposta de trabalho, este estudo acabou estruturando-se com base em formas inovadoras de análise da problemática: texto narrativo, texto em primeira pessoa; percepção de um processo educativo que se dá muito mais pelas sensações e busca da identificação de sujeito jogador que não se configura exclusivamente na relação em questão, mas como um sujeito que pode ser

[1] Graduação: Laboratório de Estudos Audiovisuais OLHO, Faculdade de Educação--Unicamp. rocha_rica@hotmail.com

identificado, ainda que com especificidades inerentes a cada situação, como um sujeito comum no público jogador; isto é, a pesquisa parte do individual para o geral, da parte para o todo.

Aspectos importantes levantados pelo trabalho dizem respeito à educação política e historiográfica presentes no jogo, buscando-se, para tanto, perceber, conhecer e analisar elementos estéticos do jogo.

Descrição do jogo "Age of Empires II – Age of Kings"

O jogo *Age of Empires II – Age of Kings (AOE II)* é um jogo de computador que pode ser classificado como um "jogo de estratégia em tempo real". Segundo informação no site da Microsoft®,[2] foram vendidas mais de 15 milhões cópias em todo mundo.

O jogo foi elaborado pela Ensemble Studios®, tendo como responsável chefe Bruce Campbell Shelley,[3] o qual já havia trabalhado anteriormente em jogos como Civilization®.

Basicamente é um jogo em que o jogador constrói cidades, a mantém, e conquista ou destrói as adversárias. Dependendo do modo de jogo, o jogador começa com uma cidade já em construção (ou já desenvolvida até determinado ponto) e precisa apenas mantê-la, defendê-la ou fazer determinada tarefa, sem necessariamente se preocupar com algum aspecto relacionado à cidade em si, mas a alguma figura histórica proveniente da civilização da qual aquela cidade faz parte, como Joana D'Arc e Gêngis Khan, entre outros.

Quando se fala em cidade, está se falando em cidades no contexto, segundo os critérios do jogo, da Idade das Trevas, Feudalismo, Idade

---

2 Disponível em: <http: www.microsoft.com/games/press/default.aspx?no=titans_20040507001>. Acesso em: 16 set. 2005.

3 Bruce Campbell Shelley é designer e desenvolve profissionais de jogos de computador desde 1987 até os dias de hoje, fazendo parte da equipe de Ensemble Studios®. Nasceu em Michigan, Chigago, Estados Unidos e cresceu em Baltimore. Graduou-se em economia e biologia florestal. Atualmente participa do grupo de diretores da *Academy of Interactive Arts and Sciences*.

Clássica e Idade ou Era Imperial... Há povos como vikings, hunos, mongóis, maias, coreanos, sarracenos, bretões, teutônicos, bizantinos etc.

Não é um jogo linear, ao menos em suas opções. Construir cidades envolve: construir casas, "criar aldeões", barracas (local de criação de infantaria), moinhos, fazendas, depósitos de madeira, de ouro, de pedra, mercados (nos quais se pode fazer barganha, comerciar com os aliados, vender produtos, recebendo em ouro, compartilhar informações estratégicas), monastérios (onde se pode criar monges), universidades (para desenvolvimento científico e tecnológico do Exército e para a construção de defesas arquitetônicas da cidade), estábulos (criação da cavalaria, batedores e camelos), arqueria (criação dos arqueiros, arremessadores de dardo, arqueiros alados e atiradores), castelos (criação de unidades especiais de cada civilização, trabucos e desenvolvimento de habilidades especiais de combate e de construção da civilização), centros de cidade (de onde se originam os aldeões, onde se podem armazenar recursos, ampliar capacidades de coleta, colheita e visualização, e onde se dá início à passagem de uma era para outra), docas (barcos pesqueiros, de transporte e navios de combate), muros, monumentos, serralheria (para desenvolvimento tecnológico do Exército), torres de guarda, de observação e oficina de unidades de cerco (catapultas, canhoneiros). Além de construir e administrar sua cidade, o jogador deve fazer que sua cidade "evolua" para eras posteriores, nesta sequência: Idade das Trevas, Idade Feudal, Idade Clássica e Idade Imperial. Para tanto, são necessários recursos (alimento, madeira, pedra e ouro) e construções específicas de cada Idade. O jogador pode, se quiser, não avançar para as Idades subsequentes, só que fatalmente perderá o jogo, pois os inimigos avançarão e estarão bem mais fortes no momento do ataque.

Detalhes sobre o jogo

1. Ambiente visual

O cenário é sempre visualizado da mesma forma. Na parte central da tela é exibida uma parte do território, com as construções e as pessoas, onde o jogador vê a ação se desenvolvendo. Nas laterais, há locais de visualização e botões de ação. No canto direito inferior, tem-se uma miniatura do mapa, onde o jogador pode clicar para se deslocar no cenário. Nessa miniatura aparecem pontos coloridos referentes às movimentações de construção e guerra que acontecem naquele momento do jogo. Os pontos coloridos correspondem a pessoas, veículos e construções. Antes do início do jogo, o jogador pode escolher o tamanho da resolução na tela.

A arquitetura e a indumentária variam de acordo com a civilização escolhida: os maias têm um tipo de construção e vestimenta, os japoneses outra etc.

2. Sonorização

Há os sons ambientes, como barulho dos animais, vento, maré, cavalgadas, tiros etc. O som ambiente depende do que é visualizado naquele momento na parte central da tela. Por exemplo, se está havendo combate em determinado ponto do mapa, mas o jogador não o visualiza na área central, ele provavelmente não ouvirá o som do combate. Mesmo assim, o combate será mostrado na miniatura do mapa e o jogador ouvirá um alarme sonoro.

Ao iniciar um jogo é emitida uma pequena trilha sonora, a qual varia de acordo com a civilização escolhida pelo jogador. Aspecto interessante: as falas e algumas nomenclaturas seguem o idioma de cada civilização.

E para onde vamos olhar?

Os aficionados pelo jogo (e sou um deles), após já terem explorado as várias possibilidades do mesmo, costumam continuar jogando no modo de "Mapa Aleatório". Consequentemente, este acaba sendo o modo mais jogado pelo público. Sendo assim, acabei por escolher esse modo de jogo como aquele para o qual olharemos.

No modo "Mapa Aleatório" o jogador pode personalizar o jogo, tendo a seu dispor opções como: escolha do cenário; civilização; quantos e quais adversários e aliados; nível de dificuldade; modo de vitória; se serão mantidas as características peculiares de cada civilização ou se todas as civilizações poderão se desenvolver em todas as possibilidades que o jogo oferece; se os jogadores já terão disponíveis logo de início uma grande quantidade de recursos, de modo que não precisem coletá-los para dar início ao desenvolvimento de sua cidade; modo de mapa, isto é, se o território já estará revelado logo de início ou se o jogador precisará percorrê-lo para descobri-lo. Aqui o jogador pode determinar também em que Idade terá início o desenvolvimento de sua cidade.

Vejamos a descrição das duas principais escolhas:

Cenário: na escolha do cenário, o jogador pode optar por algum cenário específico do mundo real (Península Ibérica, Mediterrâneo, América Central etc.) ou pode escolher baseando-se em critérios geográficos, ambientais e econômicos, como mapa costal, mapa continental, deserto, gelo, ilhas, floresta fechada etc.

Modo de vitória: a vitória pode ser por supremacia militar, pelo extermínio da(s) cidade(s) adversária(s) (o que pode contar com a colaboração de possíveis aliados); supremacia "religiosa", em que o jogador precisa capturar todas as relíquias e guardá-las no monastério por um período de tempo; vitória pelo monumento, isto é, o jogador constrói um monumento e consegue mantê-lo também por um período de tempo; e regicídio, em que o rei da civilização adversária deve ser morto.

Feitas as escolhas, o jogador dá início ao jogo.

O trabalho, em sua sequência, está estruturado da seguinte forma: será exibido um "diário de campanha", no formato similar daqueles elaborados por generais de guerra. O diário foi feito da seguinte forma: eu jogava, fazia pausas durante o jogo e escrevia, escrevia, escrevia... Para a elaboração do texto, embasei-me na obra de Marguerite Yourcenar, *Memórias de Adriano*.[4]

---

[4] YOURCENAR, 2003.

Para a campanha, configurei o jogo da maneira como costumeiramente jogo: vikings contra ingleses, nível difícil.

Após o diário, virão outros textos, os quais lançarão um olhar para o diário, em especial no que diz respeito à concepção historiográfica, sentido político e a forma como determinados sentimentos se estabelecem nesta relação jogo/jogador.

Vamos ao diário.

Diário de Campanha[5]

Toca a trombeta.

O corpo ferve!

O espírito agora é o espírito da batalha!

O Duke da Normandia busca a ocupação do mesmo território em que estamos nós, os Vikings. Ele lutará pelo domínio do mesmo, enviará seus arqueiros, sua infantaria... E encontrará resistência e raiva como nunca imaginou!

Neste momento ele já deve ter seus aldeões trabalhando: coletando, construindo... E quem sabe já não prepara seu exército... É preciso fazer o mesmo, e rápido, ou a derrota é certa!

Pelo Centro da Cidade, aldeões. São três: duas mulheres, um homem.

Construirão casas, coletarão frutos, cortarão madeira, explorarão pedra e ouro. Forjarão espadas, armaduras... Ordenharão rebanhos... Quiçá pescarão.

Um batedor encontra-se pronto, montado em seu cavalo para reconhecimento de território.

Os aldeões trabalham. Cheiro de madeira lenhada: assim será possível a construção de novas moradias, construções militares, docas... Ah, as docas. Que o batedor encontre as águas!

Hummm... Frutos! Um moinho é construído. Além da nova moradia que os aldeões acabam de construir, agora há um espaço próximo às árvores frutíferas para o armazenamento de alimentos.

Por Odin! O batedor encontra água! É a grande euforia de todo Viking: a possibilidade de construção de embarcações. Agora os ingleses têm um bom motivo para lamentar...

---

5 Campanha: vikings *versus* ingleses. Mapa: Arquipélago. Nível: Difícil.

As facas retalham as ovelhas... Os cestos transbordam frutos. O Centro da Cidade armazena a lenha... As mãos lambuzadas, ensanguentadas... As vestimentas sujas... A cidade se movimenta... Está viva! E ganhando força!

O batedor continua a percorrer as redondezas e o território explorado agora já é vasto... E nenhum sinal ainda dos ingleses. O tempo é aliado e inimigo: quanto mais se passa, mais se progride, mas ainda maior é a ansiedade por um possível e provavelmente breve encontro com o inimigo.

O batedor, além de já haver explorado grande parte do território, encontra também uma relíquia. Isso me obriga ainda mais a acelerar o processo de desenvolvimento, pois ela é fundamental na estratégia de vitória e enriquecimento... E estou certo de que logo, logo os ingleses a encontrarão e virão com sua falange de monges para apanhá-la e mantê-la em algum de seus odiáveis mosteiros... Arggg... Experimentarão o machado! Preciso chegar logo à Idade Feudal e construir o Monastério: só assim poderei mantê-la sob minha guarda. Deve haver mais algumas pelo território... Devo evitar que pelo menos esta seja levada pelos ingleses.

Alimentos em abundância, ouro... Construções... Chegamos à Idade Feudal!

Estamos mais poderosos!

Os aldeões já constroem fazendas, teremos novas construções e unidades militares... Novas embarcações! Os ingleses, os ingleses... Hahahahaha!!! Não perdem por esperar!

Oh não! Um batedor inglês. E ainda não forjei um exército... Arggg... É agora a hora. Em suas próximas investidas será alvejado, cercado, abatido!

Agora os aldeões já exploram minas de ouro, fincam picaretas nas pedras... O suor, o trabalho, o crescimento populacional... A cidade pulsa cada vez mais forte, está cada vez mais viva! E as possibilidades de armamento e construção só fazem crescer. Só preciso continuar coletando, colhendo e construindo para defender minha cidade, criar um exército, fazer com que os Vikings tenham êxito e atrapalhemos os planos desses com mania de império e dominação.

Hum, hum, hum.... Um primeiro confronto! Morte aos ingleses! Um pequeno grupo da infantaria inimiga aproxima-se do Centro da Cidade e, como era de se esperar, ataca os aldeões... E aldeãs! Covardes! Serão vingados.

Por Odin! Eles continuam vindo... Preciso de mais milícias, mais arqueiros... E um muro!

Os aldeões recebem o Toque de Recolher. E, certamente, mesmo com seus arcos empunhados, devem estar apreensivos, acuados e assustados dentro do Centro da Cidade. Eles defendem a cidade como podem, enquanto eu forjo um batalhão à altura do inimigo.

A raiva é grande! Assim como o desejo de vingança, de vitória.

Eles continuam invadindo...

A cidade está caótica. Os aldeões entram e saem do Centro da Cidade. Eles precisam plantar colher e construir... Mas a minha demora para arquitetar um exército traz a necessidade de que eles, os próprios aldeões, tenham que defender a cidade... O que fazem com bravura e sucesso! Eu só preciso terminar de construir o muro e criar uma forte infantaria... Então os ingleses lamentarão os infelizes e covardes ataques.

Parece tarde demais.

Os ingleses continuam invadindo eu perco o controle do conflito... Não sei o que fazer... Distraio-me... Desconcentro-me... O muro cai... Eles invadem. A cidade e a população sucumbem. O orgulho está ferido e o ódio é grande!

O castelo, construído às pressas, é um último suspiro de defesa... Mas as perspectivas não são encorajadoras.

Nem mesmo as docas, que seriam uma de nossas melhores armas, parecem que vão permanecer em pé. Eles já nos atacam também por mar.

Em algum momento vacilei na estratégia, enquanto o Duke da Normandia preparava este ataque arrasador. O muro já deveria estar de pé e reforçado há muito. O meu exército, perto do exército inimigo, parece um bando de primatas com tacapes e sem preparo. Os arqueiros alados ingleses se divertem, brincam de tiro ao alvo com minha infantaria... E, ao atingirem um soldado meu, atingem o meu orgulho e acabam com meu sonho de uma cidade farta e pacífica, organizada... Acabam com o sonho de barcos ao mar... Com o sonho da pescaria abundante, com o sonho da conquista de novas terras, novos mares... Novos acordos, comércio.

O solo está coberto de corpos... O cheiro é de sangue, de morte. As labaredas que se levantam ao Centro da Cidade atormentam a minha tranquilidade e a de meu povo. E o que entristece é a angústia de não haver quase chance de sobrevivência... A necessidade de aceitação da derrota eminente e da resignação bate à porta.

Devo ter subestimado meu adversário.

Odin, eu lamento.

> Agora eles trazem também os trabucos... Não foi dessa vez que os Vikings puderam comemorar uma vitória perante os ingleses.
>
> Há ainda seis aldeões. Os ingleses não os viram. Provavelmente as construções serão destruídas... Mas consigo levá-los a um ponto da região aparentemente ainda não conhecido pelo meu algoz. Então levantaremos aqui um novo Centro da Cidade!
>
> O novo Centro da Cidade já está em pé, mas o que restou da cidade antiga vai sendo aos poucos dizimado... Eles não podem nos encontrar. Odin nos proteja!
>
> Os ingleses nos encontram: são muitos.
>
> O Centro da Cidade é derrubado. Os aldeões, massacrados. Ainda houve tempo para a construção de um estábulo, mas os poucos cavaleiros que defendiam a cidade partem insanamente em direção aos monges e conseguem abater um deles... Dentre vários.
>
> Flechas flamejantes, incandescentes... Espadas... Lanças... Os cavaleiros e os cavalos sangram, caem, padecem...
>
> É um pesadelo...
>
> O último suspiro...
>
> A derrota.
>
> O que o diário traz?
>
> O jogador e o jogo, o momento do jogo.

Com base no diário, há análises que podem ser feitas a respeito da elaboração do diário e deste em si.

E por que é possível tratar da própria elaboração do diário?

Nessa "etapa" do trabalho, foram feitas várias tentativas de formulação de um diário. Na maior parte das vezes, tudo indicava a vitória. O curioso é que todas as vezes que eu elaborava um diário de alguma campanha que aparentemente caminhava para a vitória eu não conseguia terminá-lo. O tempo de escrita era prejudicado pela necessidade de me concentrar mais no jogo, a minha atenção estava mais voltada para o jogo do que para a produção do diário em si. Não que os textos estivessem ficando mais pobres, mas o tempo de dedicação ao jogo era maior, e as interrupções, menores. Quando objetivei a conclusão de um diário e alcancei este objetivo, perdi o jogo, o que é difícil de acontecer.

E o que isso pode trazer de interessante ao leitor?

O jogo exige dedicação exclusiva a ele. A atenção do jogador, seus movimentos, seu estado físico, emocional e psicológico estão (ou devem estar) voltados ao jogo, a não ser que o jogador abra mão da vitória. Não é esse o objetivo do jogo.

Será então que não posso pensar durante uma partida a não ser na própria partida? Posso atribuir um outro sentido ao jogo que não o da vitória? Posso fugir da condição de total dedicação ao jogo no momento em que jogo?

A história

Primeiro a Idade das Trevas... Depois a Idade Feudal... Aí a Idade Clássica... E então, finalmente, a Idade Imperial! Para alguma chance de vitória, avançar para as próximas Idades, e rápido! Essa é uma das palavras de ordem do jogo – avançar. Independente da civilização escolhida, esta sequência e objetivação do jogo são imutáveis. Vale lembrar que as civilizações presentes no jogo são:[6] astecas, bretões, bizantinos, celtas, chineses, francos, godos, hunos, japoneses, coreanos, maias, mongóis, persas, sarracenos, espanhóis, teutônicos, turcos, vikings.

Na campanha em questão, em que joguei com os vikings, não cheguei a atingir a Idade Imperial, o que seria imprescindível para a conquista da vitória. Mas, e mesmo que tivesse chegado, eu me pergunto: o que há de Imperial na história dos vikings?

Pode-se perceber então que há um forte referencial positivista na concepção historiográfica do jogo. A ideia de progresso necessário

---

[6] A versão do jogo usada para o trabalho é a *Age of Empires II: The Conquerors* Expansion®, uma expansão da versão original, com a diferença de que há mais cinco civilizações presentes: os hunos, os maias, os astecas, os coreanos e os espanhóis.

para todas as civilizações, a linearidade de constituição das civilizações e um mesmo destino para todas elas são fatores que nos levam a pensar a concepção historiográfica do jogo desta forma.

Segundo o idealizador do jogo[7] em entrevista para a revista eletrônica *Games Web*, a pesquisa bibliográfica para elaboração do mesmo foi feita em bibliotecas locais. O melhor material de referência para a construção do jogo, ainda segundo Bruce Shelley, é aquele encontrado nas seções de literatura infantil. Pesquisas mais extensas, detalhadas e profundas, são, na concepção de Shelley, desnecessárias ou até mesmo uma má ideia para produtos de entretenimento.

Em Saliba,[8] encontramos mais elementos para a análise da concepção historiográfica do jogo:

> *A História e as ciências sociais abandonaram há muito a concepção positivista de uma Verdade absoluta, intemporal e metafísica que cabia ao cientista – disciplinado por uma férrea metodologia – descobrir e aplicá-la de forma neutra à vida social. Na história, o velho sonho de contar o passado "tal como efetivamente ocorreu" foi abandonado como uma arrematada impossibilidade ou, pelo menos, como um falso problema, pois pressupunha o apagamento completo e total do sujeito cognitivo na produção do conhecimento.*
>
> Para esta "escola metodológica", a tarefa essencial do historiador era o estabelecimento de fatos (segundo as regras da crítica erudita) proveniente de dados cujo sentido já era, precisamente, conhecido de antemão; bastava, portanto, restituir-lhes a sua realidade original. Cada um desses fatos constituía uma unidade suficiente e organizava-se espontaneamente no interior de um relato objetivo, de uma intriga (grifo do autor) – o tempo cronológico da evolução e do progresso – que competia ao historiador apenas tornar visível.
>
> *A contribuição de maior impacto, nesta ruptura com a concepção positivista de História, foi iniciada por dois historiadores profissionais, os franceses Marc Bloch e Lucien Febvre.*

---

7 Disponível em: <http://www.microsoft.com/games/empires/behind_bruce.htm>. Acesso em: 16 set. 2005.

8 SALIBA; FALCÃO; BRUZZO, 1993.

> *(...) Febvre e Bloch batiam-se contra aquela história de "eventos" (factual), contra a história "historicizante" que cultivava um "fetichismo" dos fatos chegando, no máximo, a uma reconstituição genética (ou teleológica) da história. Febvre, por exemplo, já enfatizava, em 1946, que o historiador, assim como qualquer cientista,* **fabrica** (grifo do autor) *o seu objeto de estudo:*
>
> "Porque enfim, os fatos... A que chamam vocês fatos? Que é que põem atrás dessa pequena palavra 'fato'? Pensam que os fatos são dados à história como realidades substanciais, que o tempo enterrou mais ou menos profundamente, e que se trata simplesmente de desenterrar, de limpar, de apresentar sob uma luz intensa aos vossos contemporâneos? Ou retomais, por vossa conta o dito de Betherlot, que exaltava a química a seguir os seus primeiros triunfos – a química, a única ciência entre todas, dizia ele orgulhosamente, que fabrica seu objeto. No que Betherlot se enganava. Porque todas as ciências fabricam o seu objeto. (SALIBA, 1993, p. 12-13)

Pensando em todas as civilizações presentes no jogo a partir (e só) de um referencial, o que será que Bruce quer que o jogador construa historicamente em seu imaginário? Ou ainda (e talvez melhor), o que será que o jogador pode construir em seu imaginário histórico? Os ingleses como adversários difíceis de serem superados... Todas as civilizações objetivando o império... A economia e a cultura voltadas prioritariamente para o poderio bélico... Questões a se pensar.

A personagem

A construção do diário traz à tona uma personagem. Na verdade, talvez esta personagem não surja apenas na construção do diário. Ele já deve existir na relação que se estabelece jogador/jogo.

O jogo em si não tem uma personagem... No entanto, o jogador, ao jogá-lo, humaniza-o.

Em *A arte da guerra,*[9] Sun Tzu constrói o que poderíamos classificar como um "manual de guerra". Esse clássico da literatura é

[9] SUN TZU, 1996.

lido atualmente por executivos de grandes empresas multinacionais e, mesmo o exemplar que adquiri, para a elaboração deste trabalho, estava colocado na prateleira de livros de administração empresarial.

Durante todo tempo, Sun Tzu parece conversar com generais de guerra e dar-lhes orientações sobre como proceder nos mais variados aspectos e situações para o êxito em uma batalha. E, em suas orientações, Sun Tzu não se refere apenas ao momento da batalha em si, mas também aos preparativos e até mesmo às relações da "capital" com a companhia de guerra, no sentido das condições econômicas (principalmente) e políticas que sustentam ou inviabilizam campanhas de guerra.

Após a leitura de *A arte da guerra*, pode-se dizer que a personagem de que falamos assemelha-se muito ao "bom general"[10] a que se refere Sun Tzu.

O "general do jogo":

> Agora os aldeões já exploram minas de ouro, fincam picaretas nas pedras... O suor, o trabalho, o crescimento populacional... A cidade pulsa cada vez mais forte, está cada vez mais viva! E as possibilidades de armamento e construção só fazem crescer. Só preciso continuar coletando, colhendo e construindo para defender minha cidade, criar um exército, fazer com que os Vikings tenham êxito e atrapalhemos planos desses *[ingleses]* com mania de império e dominação.

E a orientação de Sun Tzu a um general:

> Segue-se que um exército desprovido de equipamento pesado, forragens e provisões estará perdido. Li Ch'üan: A proteção das paredes blindadas não é tão importante quanto os grãos e o alimento. (SUN TZU, 1996, p. 68)

---

[10] Bom aqui não deve ser entendido como altruísta, solidário, mas tem um significado ligado à quão eficiente é esse general na consecução da vitória em combate. No discurso pós-moderno, que se apropria da obra de Sun Tzu para embasar a prática mercadológica, poderíamos entender o bom general como aquele portador de competências e habilidades.
(...) 19. Se for (o general) covarde, poderá ser capturado.
Ho Yen-hsi: O *Ssu-ma* diz: "Aquele que estima a vida acima de tudo será dominado pela hesitação. A hesitação num general é uma grande calamidade"." (Ibidem, p. 81)
"*Tu Mu*: Aquele que é humanitário e compassivo, e só teme as baixas, não pode renunciar a uma vantagem temporária em favor de um ganho a longo prazo, e é incapaz de largar isso para obter aquilo." (Ibidem, p. 82)

Mais de *A arte da guerra*:

> *(...) Chang Yü: A benevolência e a correção são boas para governar um Estado, mas impróprias para administrar um exército. O oportunismo e a flexibilidade convém à administração de um exército, mas não ao governo de um Estado.* (Ibidem, p. 39)

Assim como *A arte da guerra* acabou sendo apropriado por porta-vozes do discurso mercadológico, o jogo acaba por se caracterizar como uma via de preparação para o mercado de trabalho.

O único sentido é a vitória. A única lógica é a desenvolvimentista, progressista, uma lógica de produção cultural e tecnológica que está voltada para o fortalecimento bélico, preparação para a guerra etc. A própria construção e administração da cidade que o jogador constrói têm a guerra como um fim em si mesmo, e as condições econômicas interferem diretamente nas condições de vitória. A preparação da cidade é a preparação para a guerra em si, seja no intuito de defendê-la ou dar condições de ataque ao exército.

Como entender a relação com o jogo

O jogador, que joga e permanece jogando, estabelece uma relação com o jogo, com seu sentido político, tendo conhecimento ou não disto. Nessa relação, ocorre um processo educativo, que pode continuar mais ou menos implícito dependendo do olhar do jogador em relação ao jogo.

Se recorrermos ao diário de campanha, veremos alguns elementos que nos permitirão compreender que esse processo educativo de incorporação e naturalização do sentido político do jogo se dá por meio das paixões.

Em um de seus clássicos,[11] Aristóteles define as paixões como:

> *todos aqueles sentimentos que, causando mudança nas pessoas, fazem variar seus julgamentos, e são seguidos de tristeza e prazer, como a cólera,*

[11] ARISTÓTELES, 2000.

> *a piedade, o temor e todas as outras paixões análogas, assim como seus contrários*. (ARISTÓTELES, 2000, p. 5)

Logo no início do diário de campanha, notamos esta relação:

> Toca a trombeta.
>
> O corpo ferve!
>
> O espírito agora é o espírito da batalha!

O jogo traz elementos visuais e (neste caso) sonoros que "inspiram, motivam, preparam" e (por que não?) (re)educam. O som da trombeta, emitido ao início de uma partida que tem a civilização viking como principal, tem um significado forte para o jogador que se "identifica" com essa civilização. O jogo é recheado de símbolos que remetem à autoimagem do jogador, a seu arquétipo, a sua mitologia, as suas paixões. No meu caso, a civilização viking.

No jogar, o jogador mesmo torna-se parte do evento, constrói-se "personagem da guerra" e incorpora/manifesta paixões neste momento, nesta relação.

E por fim...

Há uma educação: uma educação que se dá por elementos estéticos, técnicos e conceituais.

A preocupação do autor do jogo parece estar muito mais voltada para o entretenimento e menos para o aspecto educativo.

O jogo fornece elementos que não são fictícios, que fazem parte da história da humanidade, da nossa sociedade e de outras. Ao tratar desses elementos, o autor traça, ainda que não intencionalmente, um olhar em relação à História, a concepções políticas e culturais.

Outra questão de que pouco se fala é sobre a responsabilidade social e acadêmcia dos autores e das empresas que produzem e disseminam os jogos. Levando-se em conta a temática e a relativa facilidade de acesso ao jogo, em situações como essa os autores deveriam se ater mais a aspectos historiográficos e mesmo antropológicos, para poderem ao menos não desrespeitar a história de determinadas civilizações ou subjugar outras formas de constituição social que não a anglo-saxônica ou a norte-americana. O olhar que o jogo nos proporciona é um olhar pobre e idiota, no sentido literal da palavra.

Para além da crítica, vale ressaltar o grande potencial educativo que tem o jogo ao lidar com elementos estéticos que remetem à mitologia do jogador, nesta relação que se estabelece entre as partes. O jogo é humanizado, e deixa de ser assim apenas um conjunto de comandos executados para se tornar objeto da educação que, na relação com o jogador, faz que determinadas concepções políticas e historiográficas possam ser naturalizadas, incorporadas e também leva o jogador a (re)criar sua própria imagem, sua própria figura mitológica, sua constituição como sujeito.

Bibliografia

ARISTÓTELES. *Retórica das paixões*. São Paulo: Martins Fontes, 2000. (Coleção Clássicos).

SALIBA, Elias Thomé. "A produção do conhecimento histórico e suas relações com a narrativa fílmica". In: ______; FALCÃO, Antônio Rebouças; BRUZZO, Cristina (Coords.). São Paulo: FDE; 1993. n. 3. (Série Lições com Cinema).

SUN TZU. *A arte da guerra*. Rio de Janeiro: Paz e Terra, 1996. (Coleção Cultura).

YOURCENAR, Marguerite. *Memórias de Adriano*. São Paulo: Globo, 2003.

Sites

http://www.microsoft.com/games/empires/behind_bruce.htm

http://www.microsoft.com/games/press/default.aspx?no=titans_20040507001

O grotesco e o demoníaco em *Marilyn Manson*

André Alvarenga Baptistella[1]

Reais motivos

A primeira banda que vi tocar foi a dos meus primos, Eduardo e Daniel. Se me lembro bem, isso aconteceu em algum dia do ano de 1993. A banda Romãzitos ensaiava na chácara do pai do Eduardo, e nessa época costumávamos ir lá quase todo fim de semana. Lembro também que foi nessa época que comecei a gostar de Ramones. Fui passar uma semana na chácara, a última antes de minhas aulas começarem. Na ocasião, eles tinham comprado o vinil *Mondo Bizarro*, dos Ramones e o ouviam praticamente o dia todo e depois iam ensaiar.

1 Graduação: Laboratório de Estudos Audiovisuais OLHO, Faculdade de Educação--Unicamp. andrebaptistella@gmail.com

Quando cheguei à minha casa, uma semana depois, liguei a TV e sintonizei o extinto programa *Kliptonita*. Estava passando o clipe *Pet Sematary*, dos Ramones. Como estava sentindo falta de ouvi-los, esse foi o último golpe para que eu me apaixonasse pela banda.

Foi também nessa época que comecei a me interessar pela bateria. Nos intervalos dos ensaios, pedia para o Eduardo me deixar tocar. Por coincidência, os meus "amigos da rua" estavam querendo formar uma banda. Combinaram de comprar instrumentos e ter aulas. Acabei comprando uma guitarra usada, uma Dolphin, de meu primeiro professor de guitarra, o Carlão (atualmente conhecido como Snake Boy). Devido ao seu estilo "*hard*", é considerado por alguns uma "vítima do rock".

Como eu morava com a minha bisavó e ela não gostava de barulho, fiquei com a guitarra ao invés da bateria. Porém, as aulas não duraram muito tempo. Eu não gostava de estudar nada, nem música. Ainda mais porque o professor era exigente e vivia passando lições para tocar *heavy metal*. Eu não entendia como usaria tudo aquilo para tocar Ramones. Até que chegou um dia, durante a passagem da última turnê dos *Ramones* pelo Brasil, que pedi para o Carlão me ensinar a fazer os acordes que os *Ramones* usavam. Depois dessa única aula, parei de ir à *Cromat*, a escola de música.

Por muito tempo escutei apenas duas bandas: Ramones e Iron Maiden. Mas com o tempo, o Ramones foi se tornando mais importante para mim. Acredito que por essa paixão pela banda, deixei de curtir outras bandas da época, de que hoje gosto bastante, como Silverchair, Smashing Pumpkins, Alice in Chains, Nirvana e o próprio Marilyn Manson. Quando escuto músicas dessas bandas sinto uma nostalgia, mesmo sem ter tido um vínculo com elas no passado. Uma saudade de um tempo que vivi, mas não teve essas bandas como trilha sonora, já que elas representam, para mim, o que foram os anos 1990. Algo que não consigo explicar por palavras, mas que sinto quando as ouço.

A primeira vez que eu vi o Manson foi em 1996, na MTV. Marcou-me, mas não me arrisquei a comprar um CD. Sabia que não iria ouvir. Não ouvi falar dele de novo até 1998, quando um amigo meu, o Thiago Flores, emprestou-me o *Mechanical Animals* (MA). Na época eu andava meio depressivo e gostei bastante. O CD me confortava, tornava a tristeza que eu sentia interessante de ser sentida. Durante algum tempo escutei o *MA*, mas logo parei. Tinha medo, já que eu tive pesadelos após ouvir *Children of the Grave* do *Black Sabbath*.

Na verdade, não foram exatamente pesadelos, e sim sensações ruins. Após ouvir durante o dia, ia dormir e a música não saía da minha cabeça. Escutava a música cada vez mais alta em minha cabeça. Fora do quarto, o vento me perturbava. Era inverno, as nuvens estavam espessas, o vento gelado e úmido. No quarto, tudo parecia mais escuro do que de costume. Começava a sentir algo no peito, no estômago. Uma espécie de eco na carne, que percorria meu tórax. A sensação que me tomava era como se eu fosse deixar de ser eu mesmo, que iria me perder de mim mesmo. Perder-me no interior de algo maior, que iria me envolver, me engolir. O assovio do vento chegava a meus ouvidos diferente. Eram sons de fábricas e caldeiras, mas distorcidos. Como um coro de máquinas tentando se comunicar. No vidro da janela, eu via a sombra dos gravetos da árvore seca, que ficava em frente de casa. Pareciam mais distorcidas do que nunca, e vivas. No meio de tudo isso, a música se repetindo em minha mente. Imagens de uma pessoa em uma sepultura iluminada por uma tocha. O refrão cada vez mais alto e se repetindo cada vez mais rápido. Tinha medo que meus olhos se abrissem demais, como olhos de loucos; temia que uma gargalhada histérica começasse sem eu querer, pois temia perder o controle. Mas nada disso aconteceu. Depois de alguns minutos a sensação se foi.

Hoje, acredito que tive essa experiência, pois na época, estava buscando uma religiosidade que até então não tinha. Minha mãe não me obrigou a fazer primeira comunhão na Igreja Católica, ato que agradeço a ela até hoje, já que tive a chance de escolher em que acreditar (e em que não acreditar). Nessa época, eu buscava uma religião, lia a Bíblia, e este foi o cenário perfeito para que eu entendesse de onde o *Black Sabbath* e o *Manson* falavam. Eles me impressionaram de tal forma que a aura demoníaca que eles emanavam me causava pesadelos e medo de ser punido por Deus. Depois desses pesadelos, costumava associar *Marilyn Manson* e *Black Sabbath* à "música do capeta".

Por isso, deixei o *Manson* de lado outra vez. Apesar de sentir uma atração mórbida por esse tipo de música, ele tinha uma aura densa demais para minha consciência adentrar.

Só alguns anos depois fui me reencontrar com o *Manson*. Em 2002, como tinha finalmente conseguido comprar um computador, passei a baixar músicas na internet. Por algum tempo não gostei muito de suas músicas. Quando me sentia bem, tentava ficar longe delas, pois geralmente começava a sentir uma tristeza após ouvi-las. Era como se *Manson* quisesse me levar junto em sua viagem em direção à depressão e melancolia:

There's not much left to love.
Too tired today to hate.
I feel the empty.
I feel the minute of decay.

I'm on my way down now,
I'd like to take you with me.
I'm on my way down.[2]

Em 2003, quando passei por uma fase depressiva (*Manson* me fazia bem nesse período), passei a ouvi-lo com mais frequência. Dessa vez, me envolveu de tal forma que durante essa paixão decidi fazer meu TCC. *Manson* já não tinha aquela aura demoníaca tão espessa para mim, pois eu já estava bem afastado da crença sobre Deus. Acho que isso me ajudou a entrar em sua aura e buscar explicações para algumas questões que me intrigavam.

---

2 Trecho da música Minute of decay, do disco *Antichrist Superstar*.

Breve justificativa acadêmica

A escolha das imagens como objeto de estudo deve-se a sua importância na sociedade atual e também a sua presença nos temas e práticas educacionais. Portanto, justifica-se pela relevância que o assunto apresenta, seja para a educação, como forma de organização e transmissão de conhecimento, seja para a sociedade, receptora e reprodutora desses saberes.

Segundo Pierre Bourdieu (apud DUARTE, 2002), a experiência das pessoas com o cinema contribui para desenvolver o que se pode chamar de competência para ver, isto é, certa disposição, valorizada socialmente, para analisar, compreender e apreciar qualquer história cinematográfica.

Mas Bourdieu entende, também, que essa competência não é adquirida apenas vendo filmes. Toda atmosfera cultural em que as pessoas estão inseridas lhes permite desenvolver determinadas maneiras de lidar com os produtos culturais.

Sendo assim, o grupo social e as experiências culturais do espectador influem de maneira importante na leitura que será feita do filme. A começar pelo "gostar" ou "não gostar". Assim, segundo Duarte (op. cit., p. 17), "o gosto pelo cinema enquanto sistema de referências está muito ligado à origem social e familiar das pessoas". Dessa forma, ir ao cinema constitui uma "prática social importante que atua na formação geral das pessoas e contribui para distingui-las socialmente" (Ibidem, p. 14).

O cinema, como produto cultural, participa da socialização dos indivíduos. Na sociologia, podemos buscar as definições de socialização em dois autores importantes: Émile Durkheim e Georg Simmel.

Durkheim (apud DUARTE, op. cit.), acreditava que os indivíduos nascem egoístas e associais, tendo apenas alguns instintos básicos para sobreviver. A sociedade, representada pelos adultos, incute nos recém-chegados os requisitos necessários ao convívio social. Para o autor, a educação desempenha um papel importantíssimo nesse processo, pois é ela que possibilitará a formação do ser social. Assim, tornar-se social significa interiorizar, pela ação educativa,

> um sistema de ideias, sentimentos e hábitos que exprimem em nós o grupo ou os grupos diferentes dos quais fazemos parte. Tais são as crenças religiosas, os valores morais, as tradições nacionais ou profissionais, as opiniões coletivas de toda espécie. (DUARTE, 2002, p. 15)

Por sua vez, Simmel (apud DUARTE, op. cit., p. 15) vê a "socialização como um processo no qual o indivíduo socializado tem participação ativa, interfere nas condições em que ela acontece e modifica o mundo social". Assim, a socialização é algo que está sempre em construção, e não apenas uma transmissão de valores, normas, regras. Para ele, o ser social é produto de um conjunto de interações, nas quais desempenha um papel ativo, seja interações em ambientes intencionalmente educativos (escola, igreja, família), seja em interações em que não haja intencionalidade pedagógica (grupo de pares, relações de trabalho etc.).

Apesar das diferenças de visão, Simmel e Durkheim concordam que a educação na escola é apenas uma das muitas formas de socialização de indivíduos humanos. Assim, faz-se importante identificar e analisar todos os espaços e circunstâncias em que esse processo acontece. Um desses espaços é o cinema. Segundo Duarte:

> Ver filmes é uma prática social tão importante, do ponto de vista da formação cultural e educacional das pessoas, quanto a leitura de obras literárias, filosóficas, sociológicas e tantas mais. (Ibidem, p. 17)

Os aspectos mais subjetivos da vida social, como concepções acerca do amor romântico, fidelidade conjugal, sexualidade etc., têm como referência significações que emergem das relações construídas entre espectadores e filmes. Esses aspectos subjetivos são permeados ao terem contato com obras artísticas, como diz Duarte:

> Parece desse modo que determinadas experiências culturais, associadas à certa maneira de ver filmes, acabam interagindo na produção de saberes, identidades, crenças e visões de mundo de um grande contingente de atores sociais. (Ibidem, p. 19)

Portanto, devido à grande importância que as mídias, sobretudo a TV, o cinema e o mercado de música massiva, têm atualmente na formação da inteligibilidade humana, é importante estudar produtos audiovisuais na tentativa de compreender melhor como a educação se dá nesses contextos. Por isso escolhi o artista *Marilyn Manson* e sua obra, dada sua influência e relevância dentro do *rock and roll* atual.

Marilyn Manson e sua carreira

Com relação à carreira de *Manson*, podemos dividi-la em "Eras": Era *Marilyn Manson & Spooky Kids* (1989-1993); Era *Portrait of an american family* (1994-1995); Era do Anticristo (1996-1997); Era do Ômega (1998-1999); Era de Mercúrio (2000-2002); e Era do *Arch Dandy* (2003-2004).[3]

O *Marilyn Manson* da primeira Era pode ser visto como um personagem caricato, que trabalha menos com metáforas e é mais direto ou cru. Nos primeiros clipes lançados, ele aparece sem maquiagem carregada, limitando-se a usar rímel. Os shows de Manson e os Spooky Kids assemelhavam-se a um espetáculo de cabaré. No palco havia todo tipo de parafernália que pudesse ajudar nas performances de Manson: manequins pintados de vermelho-sangue, garotas dançando na gaiola, bandeiras nazistas, simulação de sexo.

Neste primeiro momento, Manson era muito teatral. Talvez seja uma influência de Alice Cooper e Kiss, já que ele é fã dessas bandas. No tocante à vestimenta, o colorido misturado com o preto aparecia nas fotos da época. Vemos também uma "família" bizarra em meio a brinquedos, lancheiras etc. Manson faz alusão aos desenhos animados americanos das décadas de 1960 e 1970. A iconografia desse disco remete a uma espécie de loucura bizarra, digna dos desenhos animados. Algumas fotos de pessoas adultas em meio a apetrechos infantis dão impressão de que estão deslocados, como se fossem loucos: crianças americanas que cresceram comendo no McDonald's, assistindo a desenhos animados violentos, aprendendo nada além do "á-bê-cê" nas

---

[3] Importante lembrar que os nomes e as datas estão relacionados aos CDs lançados pelo artista.

escolas, assistindo a *serial killers* nos noticiários que reproduzem a imagem de como a sociedade americana é doentia, em que tudo é misturado: o violento se mistura ao divertido, a desgraça é mercadoria, o não saudável se esconde atrás de um palhaço simpático, enfim o *american way of life* não mostrado em lugar nenhum.

A segunda Era é a do Anticristo. Nesse período, Manson soava muito mais agressivo, muito mais decadente. Foi durante esse período que sua carreira deu um grande salto. Desde o lançamento de *Smells like children*, em 1995, LP que trazia a regravação de Sweet Dreams (do *Eurythmics*), *Manson* já chamava a atenção para si. A música original tinha uma atmosfera bem alegre. Na regravação, a banda conseguiu dar outro tipo de sonoridade, interpretou-a de outro jeito. Soou muito mais depressiva, e por ter refrão fácil chamou a atenção do público. Pode-se dizer que quando *Antichrist Superstar* foi lançado, em 1996, Manson já gozava de certa notoriedade. Nessa Era um dos principais aspectos visuais de Manson é, sem dúvida, o espartilho de pano, vestimenta que se assemelha muito a uma camisa de força e a sua cor encardida remete ao doente, ao insalubre. A aparência andrógina é muito forte também. O visual demoníaco não é tão explícito como chifres ou tridentes, ele se manifesta de uma forma diferente em Manson. Toda a fotografia oficial dessa Era mostra imagens distorcidas que dão impressão de algo deformado, em decomposição.

O estilo de vida desregrado também contribui para a força da imagem de Manson. As notícias de festas constantes, o uso de drogas e sexo entre os integrantes é veiculado pela mídia. Sua relação com La Vey também se torna algo "falado". Em 1996 é premiado pela MYV e faz sua primeira grande aparição na emissora americana. A música cantada é a Beautiful People. Usa espartilho, casaco de pele e plataforma. Apesar de ter sido apenas uma apresentação, acredito que esse seja um marco importante para a ascensão de Manson. É importante lembrar que os seus clipes, até então, só eram veiculados em horário pouco "nobre" (três ou quatro horas da manhã). Lembro-me que nunca havia visto Marilyn Manson antes desse dia. Essa apresentação marcou-me muito. Nunca tinha visto alguém como ele. Havia uma energia em sua apresentação, Manson não parecia cantar por cantar. É difícil aparecer na televisão sem parecer um “canastrão”. Havia algo de autêntico nele.

A terceira Era é a de Ômega, que é o nome do alter ego escolhido por Manson para inaugurar esta fase de sua carreira. O nome do CD é *Mechanical Animals*. O visual *glam* toma conta dessa Era. É impossível não vincular a Ziggy Stardust, alter ego de David Bowie em um de seus discos. O branco hospitalar e o cinza imperam na arte do encarte desse CD. Ômega é uma espécie de alienígena. A aparência de Manson é andrógina ao extremo nessa época. Cabelos vermelhos não muito longos e muita maquiagem lembram *drag queens*. Algumas críticas ao *show bussiness* aparecem nas letras desse CD.

No ano 2000 inaugura-se a nova Era de Manson. Apesar de não ter alter ego; essa era é conhecida como A Era de Mercúrio, pois esse símbolo é bastante forte nesse período. O disco é *Holy Wood: in the shadows of the valley of death,* muito mais sombrio do que os anteriores em sua composição visual. O espartilho agora é de couro preto. Seus cabelos continuam na altura dos ombros, mas agora em cor natural.

A arte do encarte é composta de símbolos esotéricos, como o símbolo de Mercúrio, símbolos da alquimia e cartas de tarô. Essas cartas são estilizadas e Manson e os outros integrantes da banda são os personagens.

Após este álbum, apenas em 2003 Manson lança material novo. *The Golden Age of Grotesque* (TGAOG) foi lançado em 13 de maio desse ano. Pode-se dizer que essa é a última Era de Manson até o momento. O álbum posterior a esse, *Lest we forget*, é apenas uma coletânea e ainda tem muitos elementos visuais de TGAOG, por isso não o considero uma nova Era de sua carreira. Em TGAOG, o visual de Manson faz alusões à Alemanha do início do século passado. Foi durante as gravações desse disco que Manson começou a gravar o seu primeiro curta-metragem, *DoppelHerz*.

Após essa rápida apresentação da carreira de Manson, podemos pensar na forma como constrói seu personagem.

O grotesco, o demoníaco, a metamorfose

Ao pensar na construção do personagem de Manson sob a ótica da metamorfose, encontramos como elemento recorrente o grotesco. Apesar de muitas vezes cairmos na armadilha dessa palavra ao relacioná-la com a noção de que o senso comum tem desse vocábulo, entendemos que devemos tomar certos cuidados para falar de grotesco em Marilyn Manson.

Em diversos momentos de sua carreira, as formas de sua iconografia podem ser chamadas de bizarras e assustadoras. Em outros, de ridículas e divertidas. Esses momentos não são grotescos simplesmente por estarem relacionadas ao horripilante ou ao cômico burlesco.

O grotesco, para esta pesquisa, como estrutura, vai além das formas e é identificado na organização da obra e da relação entre estas que, no geral, estão em tensão. Essas são as características do grotesco:

- Nele encontramos mesclas de elementos considerados incompatíveis entre si (por exemplo: o horrível e o cômico juntos);
- O nosso mundo familiar e conhecido se torna estranho (mundo alheado);
- As configurações do grotesco estão em jogo com o absurdo; e
- Os conflitos apresentados na obra não são solucionados e não há respostas quanto à origem de certos elementos.

A própria origem do nome Marilyn Manson (*Marilyn* Monroe e Charles *Manson*) busca a mescla de elementos considerados incompatíveis. Pensando nisso, entendemos que esse elemento do grotesco é desejado por Manson na composição de suas obras e de sua carreira.

Essa composição se dá pela mescla de opostos: o sagrado degradado; o masculino e o feminino (o andrógino); o bonito e o feio; o velho e o novo; o atraente e o repulsivo. É grotesco também quando a configuração do mundo conhecido se torna estranha ao não dar respostas do porquê dessa configuração.

Ao entendermos a diferença entre o grotesco do senso comum e o grotesco como organização da obra constata-se que o último não foi algo constante dentro carreira de Manson. Muitas vezes, algo assustador ou demoníaco surgiu em clipes ou fotos, mas como sabemos que eles provêm dos domínios infernais ou sobrenaturais isso não nos desconcerta. Não nos tira o solo dos pés, ou seja, as nossas categorias de organização do mundo não falham.

O personagem Manson ficou muito marcado pela imagem do Anticristo. Apesar do álbum *Antichrist Superstar* ser o terceiro de sua carreira consideramos que a sua gênese se encontra aí. Nos álbuns anteriores, Manson ainda não tinha a aura que passou a ter a partir de 1996.

O satanismo e demoníaco que emanam dessa Era se tornam os combustíveis para sua ascensão. Ele cola a imagem do satanismo ao demoníaco e, apesar do termo Anticristo estar ligado ao Anticristo de Nietzsche, Manson não deixa de usar a mitologia cristã para compor sua aura sinistra. Nesse ponto, sua estratégia é muito similar à tática de construção dessa máscara sinistra como a que foi usada por Anton LaVey, fundador da Igreja de Satã (IS).

Os escritos de LaVey têm grande influência de Nietzsche e, por isso, pode-se dizer que o satanismo da "IS" é muito diferente da máscara que usa para amedrontar o público. LaVey apropria-se, assim como Manson, de inúmeras imagens e mitos cristãos sobre o satanismo e os emprega para se tornar mais interessantemente sinistro.

Esses mitos cristãos sobre o satanismo são, há muito tempo, disseminados pelas narrativas populares e, mais recentemente, pelos filmes hollywoodianos que tratam do assunto: sacrifícios, rituais macabros, entidades malignas etc. Por estar relacionado com o satanismo, Manson cria uma aura de medo em volta de sua pessoa que emana do medo de Satã.

Portanto, assim como LaVey, Manson aproveita os choques de incompreensão sobre o satanismo para se manter na mídia. LaVey tem escritos sérios e bem embasados em premissas não metafísicas. O satanismo de LaVey não acredita na existência de Satã como uma entidade real. Satã é um símbolo que serve para encorajar o individualismo, já que representa a não conformidade e a oposição. Como diz LaVey "A razão pela qual é chamado de satanismo é porque é divertido, preciso e produtivo" (LAVEY 1992 apud HARVEY, 2002, p. 5). Ou seja, a máscara sinistra é uma espécie de sarcasmo diante do medo que essa palavra gera na sociedade cristã ocidental.

Porém, atrás dessa máscara está uma religião: a religião do *self*. LaVey fundou o satanismo em 1960 e escreveu, entre outros livros, a *Bíblia satânica* em 1969. O satanismo não é uma religião que busca uma divindade e tão pouco a descoberta de uma interioridade preexistente: ao contrário, o indivíduo cria a si mesmo.

A Igreja de Satã não encoraja mais a reunião de seus membros, como fazia até 1975 pela venda de "credenciais" da Igreja, pois isso não contribui para o individualismo nem para o autoengrandecimento do indivíduo. Segundo Harvey (op. cit., p. 6), pode-se dizer que "*este tipo de satanismo não gera coesão grupal e estruturas congregacionais, mas promove o individualismo e o trabalho em rede*". Por isso, leva vários satanistas a formarem seus próprios grupos diversos. Atualmente, os membros que se filiam se tornam parte de uma rede e raramente se reúnem. A forma de ligação entre eles é por meio do periódico *Black Flame*, uma revista satanista editada em Nova York e distribuída mundialmente. Atualmente, a IS não existe como grupo organizado.

Manson nunca se considerou um satanista ou porta-voz dessa religião, apesar de ter sido investido reverendo da Igreja de Satã pelo próprio LaVey em 1994. Porém, pensando na própria organização em rede da Igreja de Satã, pode-se dizer que ele fez parte dela e, mesmo afirmando o contrário, não se incomodou em ser relacionado a tal grupo. Essa atitude está relacionada à autopromoção, que, por si só, é um culto ao individualismo.

Entendemos que, na carreira de Manson, a aura do satanismo (colada a imagens demoníacas e infernais) sobressai em relação ao grotesco em diversos momentos. Em outros, no entanto, se sobrepõe, ou melhor, serve de tema para compor a estrutura grotesca. Por isso, em alguns momentos, encontraremos em sua iconografia composições só com temas demoníacos e infernais e, em outros, com a estrutura grotesca, não necessariamente relacionada a temas demoníacos. Estas, porém, são mais raras devido à importância que Manson dá ao elemento do satanismo em sua estética.

Apesar de sua trajetória se pautar em incessantes metamorfoses e, depois de completadas, no enrijecimento dessas em máscaras, podemos dizer que o satanismo sempre esteve presente em Manson. Seja como iconografia, seja como culto do *self*. Como aconsidera Canetti (1995), ao falar da metamorfose entre os bosquímanos, o homem que se metamorfoseia nunca deixa de ser ele mesmo. Ele nunca abandona a sua identidade entre uma metamorfose e outra. Essas máscaras, que podemos chamar de "momento estático entre a metamorfose de uma Era e outra", não perderam a marca do satanismo, pois este está associado à gênese de Manson[4] e, portanto, à sua identidade. Assim, ao analisarmos as máscaras que assume, *sempre* encontraremos o culto ao *self* e, cada vez com menos frequência, as imagens relacionadas ao demoníaco e ao infernal nas Eras do Ômega[5] e de Mercúrio.[6]

Em *The Golden Age of Grotesque* (TGAOG), os temas demoníacos não são usados para compor essa máscara, porém o culto ao individualismo se mantém. A adoração de si mesmo continua evidente, pois, assim como em toda sua carreira, o principal personagem é ele mesmo. Não há um clipe em que ele não seja o personagem principal.[7] Para qualquer lugar que olhemos encontraremos Marilyn Manson.

---

4 Gênese esta que estabelecemos na Era do Anticristo (relacionada ao álbum *Anti Christ Superstar*, de 1996), pois os alicerces de sua estética estão aí contidos.

5 A Era do Ômega é relacionada ao álbum *Mechanical Animals*, de 1998.

6 A Era de Mercúrio está relacionada ao álbum *Holly Wood: in the shadows of the valley of death*, de 2000.

7 Há um fato curioso no começo da carreira de Manson. Antes de gravarem com uma grande gravadora, o nome da banda era Marilyn Manson and the Spooky Kids. Chegou um momento em que o empresário da banda propôs que o nome se tornasse apenas Marilyn Manson, pois era demasiado grande para o *show bussiness*. Apesar de ser uma proposta com fins comerciais e de adequação da banda ao mercado fonográfico, podemos dizer que foi nesse momento que Marilyn Manson passou a ser o personagem principal da banda. Ele tornou-se a banda.

Por exemplo, em *Doppelherz*, o seu curta-metragem, o que vemos é o mundo interior de Manson. Como ele mesmo deixa transparecer nos letreiros finais, "este é um raro olhar dentro da mente de Marilyn Manson". Uma forma de expressão do mundo interior que se aproxima do culto narcíseo, do culto ao *self*, uma forma de "sermão" em imagens da Igreja de Satã de LaVey.

Entendemos que o próprio nome do álbum – TGAOG – tem uma conotação ambígua. Por um lado, a "Era de Ouro do Grotesco" indica uma exaltação ou glorificação de si mesmo, afinal, se considerarmos o grotesco como estrutura recorrente e desejada como forma de expressão durante sua carreira – mesmo havendo rupturas ou momentos intercalados de emergência e submersão – as Eras anteriores podem ser entendidas como um percurso em direção ao auge. Partindo dos mais vis metais começa sua escalada: chumbo, cobre, bronze, prata e, finalmente, ouro. A **sua** época de ouro.

Por outro lado, façamos uma comparação com a noção que Manson tem acerca do grotesco. Para ele o grotesco é uma forma de fuga em épocas marcadas pelo medo, épocas de mudanças políticas e tempos de guerra. Essa visão também é compartilhada por Kayser (1986, p. 161), quando diz que "a configuração do grotesco é a tentativa de dominar e conjurar o elemento demoníaco do mundo". Thomson (2005) acrescenta que o grotesco não surge apenas em momentos turbulentos, mas que se torna mais forte ou recorrente nessas situações.

Talvez em certos momentos da história, em que a configuração do mundo já não pode ser interpretada de forma adequada e organizada de acordo com velhas regras, a obra grotesca mostre, pelo plasmar da fusão do que tentamos separar, não que o mundo está fora dos eixos – pois, este está imerso num caos aparente – mas que certos domínios já não são distintos.

Portanto, a "Era de Ouro do Grotesco" não é nada além do que o nosso momento atual, ou seja, uma Era marcada por guerras, mudanças políticas, incertezas e, principalmente, pelo medo.

Considerações finais

Acreditamos que chegamos a uma forma de entendimento e compreensão do grotesco e do demoníaco em Marilyn Manson que pode ser observada nas e pelas imagens da produção audiovisual deste. Tal forma de compreensão auxilia-nos a pensar como conceitos e valores são representados no universo das imagens da sociedade contemporânea. Afirmamos dessa forma a noção de uma educação visual, ou seja, de que determinada forma de composição da cultura audiovisual, como a obra de Manson, pode ser vista, em seus conteúdos e métodos, recursos e estratégias de marketing, como forma de proposição educacional no sentido lato do termo educação.

O estudo abre-se, no entanto, para aprofundamentos e novas reflexões, para novos conteúdos ainda velados. O desvelamento do grotesco e do demoníaco em Manson sugere que a persistência de conteúdos religiosos em uma sociedade supostamente laica em sua configuração mercadológica – fonográfica e videográfica. O que podemos inferir dessa constatação merece novas investigações.

Bibliografia

ALMEIDA, Milton J. de. *Imagens e sons*: a nova cultura oral. São Paulo: Cortez, 1994. v. 32. (Coleção Questões da Nossa Época).

_______. A educação visual da memória: Imagens agentes do cinema e da televisão. *Pro-Posições*, Campinas: v. 10, n. 2(29), p. 5-18, jul. 1999.

ALONSO, Aristides. O grotesco: transformação e estranhamento. *Revista Comum*, Rio de Janeiro. v. 5, n. 16, p. 64-80, jan./jun. 2001.

DUARTE, Rosália *Cinema & educação*. Belo Horizonte: Autêntica, 2002.

CANETTI, Elias. *Massa e poder*. São Paulo: Companhia das Letras, 1995.

HARVEY, Graham. Satanismo: realidades e acusações. *REVER*: Revista de Estudos da Religião, n. 3, p. 1-18, 2002. Disponível em: <http://www.pucsp.br/rever/rv3_2002/p_harvey.pdf>.
Acesso em: 8 set. 2005.

KAYSER, Wolfgang. *O grotesco*. São Paulo: Perspectiva, 1986.

LAVEY, Anton Szandor *The Satanic Bible*. New York: Avon Books, 1969.

_______. *The Satanic Rituals*. New York: Avon Books, 1972.

_______. *The Devil's Notebook*. Portland, OR: Feral House, 1992.

MANSON, Marilyn [Brian Warner]; STRAUSS, Neil. *The long hard road out of hell*. New York: ReganBooks, 1998.

MIRANDA, Carlos Eduardo Albuquerque. *O que estamos vendo?*. Um estudo sobre imagem e educação na era da reprodutividade técnica. Dissertação (Mestrado em Educação) – Faculdade de Educação, Universidade Estadual de Campinas, Campinas, 1996.

NOGUEIRA, Carlos Roberto F. *Bruxaria e história*: as práticas mágicas no ocidente cristão. São Paulo: Ática, 1991.

THOMSON, Philip. *The Grotesque*. London: Methuen, 1972. (The Critical Idiom Series). Disponível em: <http://mtsu32.mtsu.edu:11090/Grotesque/>. Acesso em: 12 jan. 2005.

Sites

http://www.Mansonusa.com

http://mtsu32.mtsu.edu:11090/Grotesque

Retratos fotográficos da educação: uma educação do corpo

Ana Lúcia Ferreira de Camargo[1]

Introdução

Este texto nasceu do trabalho de conclusão de curso de licenciatura em Pedagogia apresentado à Faculdade de Educação da Unicamp em 2005.

Ao pesquisar retratos fotográficos temáticos sobre a educação, foi possível verificar que, apesar da variedade de fotógrafos e fotógrafas, e de suas nacionalidades, existem intrigantes semelhanças estéticas entre suas produções. Como podemos entender estas semelhanças?

1 Graduação: Laboratório de Estudos Audiovisuais OLHO, Faculdade de Educação-Unicamp. nuchacamargo@hotmail.com

Na busca por esta resposta, empreendi estudos sobre a literatura da época áurea do retrato (séculos XV, XVI e XVII) e do fim do século XVIII; sobre a pintura retratista do período citado; e sobre a análise estética das fotografias compiladas de fotógrafos reconhecidos pela mídia. Pude, com isso, fazer uma comparação das fotos com a pintura retratista e com os "manuais de comportamento" de Castiglione e Senancour, que nos dão pistas sobre a educação corporal advinda dessas imagens e palavras.

Porque fotografia

O espaço da sala de aula tem sido objeto de muitos estudos acerca das relações entre alunos e professores, acerca do trabalho com o conhecimento e sobre métodos e técnicas de ensino-aprendizagem, entre outros aspectos. As discussões estão em consonância, principalmente, com tendências pedagógicas ora tradicionais, ora construtivistas, e ora sócio-históricas, entre outras.

Neste trabalho, no entanto, é apontada outra discussão: uma discussão sobre a imagem – em especial a fotografia – uma vez que as imagens do espaço da sala de aula e de educandos têm demonstrado que, apesar de todos os embates pedagógicos, a sala de aula como espaço físico/geográfico tem tido mais permanências que mudanças desde que a escola foi organizada como a conhecemos hoje; e que tais permanências hipoteticamente indicam a existência de uma educação do corpo.

Cabe iniciar pela explicação da opção em abordar a sala de aula por meio da fotografia – imagem – e não pela leitura de material escrito sobre o assunto.

À visão de que a fotografia é uma linguagem e um meio de expressão visual – de acordo com Lima (1988) é a arte de escrever com a luz e um reflexo da realidade[2] –, pode-se acrescer que é, assim como

---

[2] LIMA, 1988.

outros tipos de imagens, complexa. Ao mesmo tempo, coordena, segundo Joly (1996), categorias diferentes de signos: signos icônicos/analógicos, signos plásticos (cores, formas, composição, textura) e muitas vezes também signos linguísticos (linguagem verbal). A interação dessas três categorias de signo é que produz "o sentido que aprendemos a decifrar mais ou menos conscientemente e que uma observação mais sistemática vai ajudar a compreender melhor".[3]

A fotografia é, portanto, impregnada de cultura e até mesmo de caráter político, pois provoca leitura de seu conteúdo e produção de sentido, não só para seu autor ou autora como para o espectador e espectadora.

A respeito de uma fotografia é possível questionar quais são os objetivos de quem a faz, quais suas intenções perante o espectador, que signos usam para realçar uma dada mensagem visual, que imagem do fotografado pretende-se construir, e como estas cabem tantas outras questões.

Barthes (1984) discorreu sobre o *studium* – um tipo de educação cultural – do espectador, por meio do qual seria possível a este entrar em contato com o fotógrafo para interpretar suas intenções por meio da leitura de seus mitos. Tais mitos, segundo Barthes, "visam reconciliar a Fotografia e a sociedade [...] dotando-a de funções, [...] informar, representar, surpreender, fazer significar, dar vontade",[4] que o espectador reconhece devido ao seu *studium*. Fica evidente que a fotografia mostra um material de saber etnológico, que informa e ensina.

Aumont (1995) colabora para a validação da ideia de que a imagem tem caráter político quando escreve que sua produção nunca é desprovida de propósito – desde as primeiras fotografias existiu finalidade de uso individual ou coletivo e se esperou que alguém fosse vê-las.[5]

---

3 JOLY, 1996.
4 BARTHES, 1984, p. 48.
5 AUMONT, 1995.

O que interessa, portanto, é a fotografia como representação ou signo analógico, para a análise de como o educando tem sido representado, ou com quais intenções as imagens estão sendo produzidas e reproduzidas.

Com este olhar de que a fotografia é um material de conteúdo etnológico e de uso político é que desenvolvi este trabalho.

Acerca da estética das fotografias selecionadas: mãos, corpos e espaços na fotografia da educação

Sobre as fotografias selecionadas foi escrito um ensaio de acordo com as primeiras impressões pessoais e, por isso mesmo, não fundamentada em leituras sobre o tema da fotografia ou da educação do corpo.

As fotografias que foram coletadas para o trabalho de conclusão de curso, e que têm como tema a Educação, apresentam alguns elementos que se destacam por função ou possível significado na estética das fotos: mãos, corpos e cenários. Mãos que emolduram, apontam, apoiam, seguram o que são instrumentos do conhecimento; corpos que assumem posturas expressivas; cenários que contêm símbolos.

No ensaio estão algumas ideias sobre essas mãos e corpos, e destes no espaço, em cada fotografia selecionada. Tais fotos também foram organizadas numa sequência segundo critérios estéticos: por semelhanças de composição, por aparentarem ser registros de momentos espontâneos ou por serem posadas. Não se está dizendo sobre a situação educativa, mas do significado da fotografia – um instante congelado do movimento do real.

A partir de uma coletânea de fotografias, toda relacionada a situações escolares, evidenciou-se um grupo de retratos fotográficos cuja composição estética era muito semelhante e outro grupo diversificado. Do grupo onde houve o encontro de semelhanças destacam-se as fotografias de Pedro Martinelli,[6] Sebastião Salgado[7] e Linh Le

---

6 Disponível em: <http://www.pedromartinelli.com.br/amazonia/index.php>.

7 Disponível em: <http://www.uc.pt/iej/alunos/2001/sebastiaoSalgado/rosto1.html>.

Hong,[8] nas quais há o enquadramento indicando que a câmera estava na mesma altura das meninas retratadas, que estas ocupavam espaço em carteiras individuais, com cadernos ou livros abertos sobre as carteiras e tendo em mãos lápis ou caneta. A proximidade estética foi intrigante e o ponto de partida para os estudos que se seguiram para a realização do trabalho de conclusão de curso.

Primeiras aproximações: a educação do corpo e a pintura retratista de 1420 a 1670

A partir do início do século XV a burguesia ascende como importante classe econômica e política na Europa e passa a divulgar sua imagem mediante a encomenda de retratos pintados por pintores como Hans Holbein, o Jovem, Rafael, Lorenzo Lotto, Jan Van Scorel e Diego Velásquez entre outros.

Segundo Schneider (1997) tais retratos objetivavam principalmente mostrar a posição social de figuras públicas no caso do retrato individual e, além disso, tanto a definição de papéis sociais quanto a hierarquia entre retratados no caso dos retratos de grupos. Nestes retratos se projetavam os bons costumes e as convenções de época.

Ainda de acordo com o mesmo autor, a parecença, ou melhor, a reprodução fiel do retratado, se constituiu um critério estético a partir da Baixa Idade Média e durante o Renascimento. Era então de interesse político-econômico fazer do retrato uma possibilidade de identificação do sujeito, tanto em suas características físicas quanto psicológicas.

A reprodução fiel, no entanto, não deve ser entendida aqui como o resultado de uma foto capturada espontaneamente, pois no final do século XV, com estudos feitos por italianos sobre as proporções ideais, criaram-se normas estéticas que permitiram a correção das "irregularidades da Natureza" dos retratados. Outro fator que influencia as pinturas retratistas era a imagem que o próprio retratado queria mostrar

[8] Disponível em: <http://afocer.binitec.com/Aqueducte/aq2002/cp/mhfiap5.html>.

de si, sobretudo quanto às posturas corporais, insígnias, símbolos e ao cenário[9] – isso fica mais evidente ao compararmos diferentes pinturas da mesma pessoa realizadas por diferentes pintores.

A manipulação dos elementos estéticos nos retratos fica mais evidente por meio da comparação entre a pintura – a imagem do corpo educado – e o texto literário de Baldassare Castiglione, no caso o livro *O cortesão*, pelo qual é possível compreender quais eram os critérios orientadores dessa educação e de seu cenário.

Comparação entre as pinturas retratistas do século XV ao XVII, O cortesão *e Senancour*

A leitura de Schneider (1997)[10] remete à forte influência do livro *O cortesão*, de Baldassare Castiglione, em relação à preocupação com a elaboração estética da imagem do retratado.

---

9 SCHNEIDER, 1997.

10 Ibidem.

Publicado pela primeira vez em 1528, foi utilizado pela elite social da época como um manual para aquele(a) que queria ser e mostrar-se um perfeito cortesão ou uma perfeita cortesã. Mediante relato de diálogos entre os frequentadores da corte de Urbano durante um jogo – o de modelar o perfeito cortesão – Castiglione gradualmente define as condutas e a imagem do(a) perfeito(a) cortesão(ã).

Assim este deveria ser sábio, afável, prudente, modesto, gracioso, contido; conhecedor das letras, da música, de jogos e festas; ser ágil e sábio nas atividades de cavalaria e manejo de armas; mostrar elegância corporal. Para tanto o cortesão deveria dedicar-se aos exercícios do corpo e da alma. À cortesã caberia fundamentalmente a modéstia, a graça, a prudência, a discrição e a fortaleza de ânimo.

Seria igualmente importante ao cortesão e à cortesã, dedicar-se ao feitio das coisas sem afetação ou ostentação, mostrando certa displicência – a virtude contrária à afetação. Tal displicência seria a fonte da graça e a demonstração de sabedoria superior às próprias ações.[11]

Esta moderação ou contenção das condutas pode ser também relacionada à Senancour, um autor do fim do século XVIII, pós-Revolução Francesa. Este se situa na *era das revoluções* (HOBSBAWN, apud ARCE, 2002) que se caracterizou pela organização da burguesia para ascender ao poder político – além do econômico – usando o povo/classe trabalhadora como massa de manobra e mais tarde por levantes populares logo violentamente abafados. A ideologia liberal se revelou conservadora e retomou normas tradicionais de propriedade, família, homem, mulher e criança anteriores às revoluções apoiando-se na religiosidade (protestantismo), a fim de controlar as classes baixas.[12]

Senancour é um exemplo da literatura da *era das revoluções* que vem a enfatizar que esse período histórico contou com muitas permanências – apesar de ter escrito tanto tempo depois de Castiglio-

---

[11] CASTIGLIONE, 1997.

[12] ARCE, 2002.

ne, escreveu um manual regulador do comportamento. Propôs um "novo" tipo de homem, sensível, porém não sentimental.

O novo tipo de homem, de acordo com Senancour, organiza suas percepções e não se entrega às lágrimas da *sentimania*.[13] Ele detém o domínio de si, assim como o(a) cortesão(ã) de Castiglione, porém em outro contexto e sob outra ideia de domínio de si mesmo. Não nos cabe aqui fazer esta diferenciação, pois nosso objetivo é demonstrar a permanência de manuais de comportamento social, embora os grupos sociais com seus códigos e regras se transformem historicamente.

Domínio Público

13 VINCENT-BUFFAULT, 1997.

Domínio Público

Pintura e fotografia retratistas na educação do corpo: comparações possíveis

Assim como foi possível estabelecer relações entre a pintura retratista de 1420 a 1670 e a leitura de Castiglione e Senancour, é possível relacionar pinturas da época destacada como precursoras históricas de retratos fotográficos selecionados.

Há semelhanças quanto: à consciência/inconsciência do *operator*[14] pelo retratado, ao cenário e objetos presentes na composição, às posturas/atitudes corporais dos retratados.

As fotografias de Pedro Martinelli,[15] Sebastião Salgado[16] têm como foco de interesse meninas plenamente conscientes da presença

---

14 BARTHES, 1984.

15 Disponível em: <http://www.pedromartinelli.com.br/amazonia/index.php>.

16 Disponível em: <http://www.uc.pt/iej/alunos/2001/sebastiaoSalgado/rosto1.html>.

dos fotógrafos, pois ambas olham em direção às lentes da câmera, o que produz também no espectador a sensação delas estarem cientes de serem observadas. Tal consciência não pode ser comprovada na foto de Linh Le Hong[17] e já que a menina (mais uma vez *menina*) olha em outra direção que não a do *Operator*.

O olhar direto aos fotógrafos das fotos mencionadas remete à aproximação com diversas pinturas do período selecionado, como é possível ver num retrato de Castiglione realizado por Rafael.[18]

Além da direção do olhar do retratado ou retratada e de sua consciência ou não do *Operator*,[19] cabe ressaltar as posturas e asa expressões das fotografias supracitadas.

Com exceção da menina "de" Hong, as demais estão com expressões sérias, compenetradas e diria até concentradas, como as pessoas retratadas das pinturas selecionadas entre tantas outras semelhantes.

A posição corporal nas fotografias é frontal ou a três quartos, mas todas têm um padrão: as meninas estão sentadas em cadeiras, tendo à frente as carteiras escolares nas quais apoiam um ou, os dois braços e, as mãos, estas seguram lápis ou caneta. Nas pinturas também há um padrão, pois os retratados estão a três quartos, todos apoiando as mãos em algo como o próprio corpo, ou um livro, ou uma mobília, ou segurando um objeto. De qualquer maneira, seja no suporte fotográfico ou pictórico, as pessoas representadas mostram práticas sociais e corpos educados para serem, ou ao menos demonstrarem, contenção emocional e postural.

Agora relacionando o corpo ao cenário, é possível destacar os objetos ao redor e às mãos de pessoas retratadas tanto na pintura quanto na fotografia, símbolos de uma prática social ou esfera de influência.

Entre as pinturas há os embaixadores franceses de Hans Holbein, o Jovem,[20] que, cercados por instrumentos/objetos de conhecimento,

---

17 Disponível em: <http://afocer.binitec.com/Aqueducte/aq2002/cp/mhfiap5.html>.

18 *Ciudad de la pintura*, disponível em: <http://pintura.aut.org>.

19 BARTHES, op. cit.

20 Disponível em: <http://www.wga.hu/index1.html>.

seguram em suas mãos alguns deles. Tais objetos como o globo terrestre, o instrumento musical, o livro e o caderno dentre outros, remetem à imagem do cortesão de Castiglione de conhecedor das letras e da música, aquele que além de exercitar o corpo o faz com a alma.

Há também o homem de Lorenzo Lotto[21] que segura uma garra dourada, um símbolo de força que parece em equilíbrio diante da figura sóbria e despretensiosa nas vestimentas ricas e escuras, na postura e expressão facial contida – um homem rico e influente.

Erasmo de Roterdã é um exemplo da influência do retratado sobre a imagem que pretende comunicar e o possível limite entre suas escolhas e as do artista. Embora representado por mais de um artista, a composição de cada retrato guarda grandes semelhanças entre si. Erasmo aparece alheio à presença do artista, concentrado em suas atividades, que são o pensar e o escrever, não lhe dirige o olhar (ou deseja demonstrar certa arrogância de figura intelectual) – o fundo e o vestuário escuros da pintura de Holbein[22] destacam o rosto e as mãos enfatizando tais atividades. A pintura parece ter a função de legitimação das práticas de Erasmo. A gravura de Albrech Dürer[23] guarda a mesma postura das pinturas, bem como livros e papéis para anotação, além disso, traz ao fundo num quadro emoldurado uma insígnia escrita em latim. São cenários e posturas semelhantes, estudados para o retratado se mostrar da maneira pela qual quer ser visto.

Nos retratos de Erasmo de Roterdã os livros ocupam posição central na composição, pois simbolizavam a "expansão do conhecimento"[24] e, como já citado, também as mãos estão em evidência. Estes são dois elementos recorrentes nas fotografias que têm como tema a educação e aos quais cabem interpretações semelhantes. Aos livros e papéis de Erasmo corresponderiam os cadernos das fotografias, às suas mãos que repousam sobre os livros e/ou seguram o bico de pena corresponde-

---

21 *Ciudad de la pintura*, op. cit.

22 Disponível em: <http://www.wga.hu/index1.html>.

23 Disponível em: <http://www.wga.hu/index1.html>.

24 SCHNEIDER, op. cit.

riam os lápis ou canetas nas mãos das crianças fotografadas. A partir dessas comparações é possível questionar: teriam essas fotografias a mesma função de legitimação de práticas sociais que envolvem o pensar e o escrever das pinturas de Erasmo?

Outra obra que vem corroborar com esse paralelo entre pintura e fotografia no tocante aos objetos e cenários é *O Estudante* de Jan van Scorel,[25] que solene tem na mão direita uma pena e na esquerda uma folha de papel. A diferença entre este retrato e os outros já referidos é a inscrição, em latim, da idade do menino – *AETATIS XII* – outro indicador da influência do cortesão de Castiglione que deveria ser conhecedor das letras.

Domínio Público

[25] *Ciudad de la pintura*, op. cit.

Considerações finais: outras aproximações

Nos diversos tópicos deste texto procurei demonstrar qual foi o processo de sua realização – o interesse pela fotografia, a atenção às fotografias que têm a educação como tema, o que havia de intrigante em alguns retratos fotográficos selecionados, qual educação poderia ser estudada pela análise estética destes (a do corpo); quais são alguns de seus antecessores históricos na pintura e na literatura; e quais relações/aproximações puderam ser estabelecidas.

Tendo consciência de que apenas apontei alguns caminhos para pensar o assunto, faço agora algumas considerações finais.

Diante do estudo feito e da constatação da congruência entre as fotos, as pinturas e os manuais de comportamento analisados, conduzo-me então a outras perguntas: afinal por que, de fato, meninos e meninas de locais tão diversos e fotografados por pessoas diferentes são retratadas de modo semelhante – mesma composição, postura e entorno – assim como fazia a pintura retratista e estabeleciam os manuais de Castiglione e Senancour? O que poderia explicar essa padronização do olhar sobre essas crianças?

Sabe-se que as fotografias publicadas são, primeiro, escolhas de quem as faz – o fotógrafo ou fotógrafa – pois é o fotógrafo que as enquadra, que faz as opções técnicas de realização. O fotógrafo é que tem todas as fotos feitas, quem tem a possibilidade de decidir o que pode ser visto ou não. Mesmo que depois os responsáveis pela edição de um livro tenham também como optar por uma ou por outra, não escapa à autoria das fotografias uma seleção de antemão. Neste sentido, por que exibir retratos como tantos outros?

Podemos dizer que é o olhar e a cultura daquele que produz o retrato fotográfico que predomina sobre a própria vontade de quem é retratado/retratada, diferentemente do que acontecia na pintura retratista para a qual há o exemplo de Erasmo de Roterdã, representado como ele queria, acima do desejo do artista.

São fotografias produzidas tantos anos depois das pinturas retratistas e até mesmo das primeiras fotografias, e o mesmo olhar permanece, o olhar da burguesia e da classe média em ascensão (no caso dos primórdios da fotografia).

Não se pode dizer a respeito das imagens de Martinelli, Salgado e Hong que sejam fotografias fiéis aos retratados e retratadas ou a uma realidade, pois para tanto seria preciso ter a certeza de que são fotos espontâneas, não preparadas pelo realizador. Mesmo considerando a inevitabilidade do olhar particular de quem fotografa, a padronização derruba por terra qualquer certeza.

Entre os retratos fotográficos selecionados para esta monografia há um grupo diversificado em composição, posturas corporais e cenários. Vale citar duas outras fotografias de Martinelli, publicadas em outros livros de sua autoria, como exemplos que demonstram outras possibilidades para o retrato da educação, sem rigidez quanto à composição, sem padrão de olhar.

Tendo tudo isso em mente, cabem outras questões. Considerando o caráter político de uma fotografia, que intenções teriam os fotógrafos e fotógrafas ao atingir o espectador/espectadora? Quais interpretações e usos podem ser produzidos por estes? O caráter político, acredito, pode estar presente nas duas partes da relação entre quem produz e quem "consome" a imagem.

Fotógrafos e fotógrafas têm suas histórias de vida peculiares, vale como pesquisa futura procurar e analisar o quanto suas biografias podem influenciar ou não suas produções. Qual a repercussão das relações de gênero, classe social e etnia destes fotógrafos e fotógrafas nas fotografias que realizam, por exemplo?

Eu mesma, como mulher, pedagoga, pesquisadora e tendo minha história de vida particular, tive um olhar sobre as fotografias que me levaram a fazer a seleção para esta monografia, seleção esta que também fez que eu visse aproximações e distanciamentos entre imagens. Outras pessoas, com histórias de vida e formação diferentes, veriam ou verão o mesmo que eu?

Bibliografia

AQÜEDUCTE 2000. VI Biennal Internacional de Fotografia. L'home protagonista del segle XX. El Fotògraf Testimoni del Seu Temps. Catalunha: [s.n.], out. 2000. p. 82.

_______. 2002, VII Biennal Internacional de Fotografia – El plaer de fotografiar. Catalunha: [s.n.], out. 2002. p. 61.

ARCE, Alessandra. *A pedagogia na "era das revoluções":* uma análise do pensamento de Pestalozzi e Froebel. Campinas: Autores Associados, 2002.

AUMONT, Jacques. *A imagem*. Campinas: Papirus, 1995.

BARTHES, Roland. *A câmara clara*: nota sobre a fotografia. Rio de Janeiro: Nova Fronteira, 1984.

BENJAMIN, Walter. "A obra de arte na era de sua reprodutibilidade técnica". In: *Obras escolhidas*: magia e técnica, arte e política. São Paulo: Brasiliense. 1993, p. 165-196. v. I.

CASTIGLIONE, Baldassare. *O cortesão*. São Paulo: Martins Fontes, 1997.

CIUDAD de la pintura. Disponível em: <http://pintura.aut.org>. Acesso em: 15 out. 2007.

JOLY, Martine. *Introdução à análise da imagem*. Campinas: Papirus, 1996.

JÓZSEF, Tóth. *Magyar Fényképészek Arckép-Csarnoka*. Magyarország: Interart Stúdió, 2001. p. 6.

LIMA, Ivan. *A fotografia é a sua linguagem*. Rio de Janeiro: Espaço e Tempo, 1988.

LINH LE Hong. Disponível em: <http://afocer.binitec.com/Aqueducte/aq2002/cp/mhfiap5.html>. Acesso em: 15 out. 2007.

MARTINELLI, Pedro. *Amazônia, o povo das águas*. São Paulo: Terra Virgem, 2000. p. 148-149.

_______. *Amazônia, o povo das águas*. Disponível em: <http://www.pedromartinelli.com.br/amazonia/index.php>. Acesso em: 15 out. 2007.

_______. *Amazônia real*. Disponível em: <http://www.pedromartinelli.com.br/destruicao/index.php>. Acesso em: 3 nov. 2005.

_______. *Cuidados pela vida*. Disponível em: <http//www.pedromartinelli.com.br/cuidados/index/php>. Acesso em: 3 nov. 2005.

MIRANDA, Carlos Eduardo Albuquerque. *O que estamos vendo?*. um estudo sobre imagem e educação na era da reprodutividade técnica. Dissertação (Mestrado em Educação) – Faculdade de Educação, Universidade Estadual de Campinas, Campinas, 1996.

SALGADO, Sebastião. *Terra*. São Paulo: Companhia das Letras, 1997. p.107.

_______.*Exodus*. Disponível em: <http//www.foto8.com/reviews/V2N1/exodus.html>. Acesso em: 3 nov. 2005.

_______.*Migrations: humanity in transition*. Disponível em: <www.pdngallery.com/legends/legends10/gallery03_01.html>. Acesso em: 3 nov. 2005.

SCHNEIDER, Norbert. *A arte do retrato*: obras-primas da pintura retratista europeia, 1420-1670. Lisboa: Benedikt Taschen Verlag, 1997.

VINCENT-BUFFAULT, Anne. "Do pudor à aridez". In: _______. *História das lágrimas*. Rio de Janeiro: Paz e Terra, 1997.

WHAT is Knowledge?. Zürich: ABB, dez. de 2000. p. 9 -14-23-26-38.

WEB gallery of art. Disponível em: <http://www.wga.hu/index1.html>. Acesso em: 15 out. 2007.

COLEÇÃO

LEITURA E FORMAÇÃO

O jornal na vida do professor e no trabalho docente

Organizador: Ezequiel Theodoro da Silva

Autores: Amarildo B. Carnicel, Carmen Sanches Sampaio, Juvenal Zanchetta Junior, Marcel J. Cheida, Mario Sergio Cortella, Saraí Schmidt

Literatura e pedagogia: ponto & contraponto

Regina Zilberman e Ezequiel Theodoro da Silva

Leituras aventureiras: por um pouco de prazer (de leitura) aos professores

Ezequiel Theodoro da Silva

Leitura na escola

Organizador: Ezequiel Theodoro da Silva

Autores: Ariane Soares Milagres, Carlos Eduardo de Oliveira Klebis, Cláudia Lúcia Trevisan, Daniela Cristina de Carvalho, Eliane Pszczol, Mirian Clavico Alves, Norma Sandra de Almeida Ferreira

Criticidade e leitura: ensaios

Ezequiel Theodoro da Silva

Escola e leitura: velha crise, novas alternativas

Organizadoras: Regina Zilberman e Tania M. K. Rösing

Autores: Ezequiel Theodoro da Silva, Graça Paulino, José Luís Jobim, José Luiz Fiorin, Maria da Glória Bordini, Marisa Lajolo, Miguel Rettenmaier, Regina Zilberman Rildo Cosson, Tania M. K. Rösing

Escritos sobre jornal e educação: olhares de longe e de perto

Carmen Lozza

Lançamento

Leitura e desenvolvimento da linguagem

Autores: Ana Luiza B. Smolka, Ezequiel Theodoro da Silva, Maria da Glória Bordini, Regina Zilberman

Educações do olhar: Leituras – volume I
Organizadores: Carlos Miranda, Gabriela Rigotti

Educações do olhar: Leituras – volume II
Organizadores: Carlos Miranda, Gabriela Rigotti

A casa imaginária: Leitura e literatura na primeira infância
Yolanda Reyes

global EDITORA

ALB

GRÁFICA PAYM
Tel. (011) 4392-3344
paym@terra.com.br